Compañer

MW00795223

Orando con
La Madre Teresa

por
Jean Maalouf

La Palabra Entre Nosotros
Ijamsville, Maryland

A mi querida familia y amigos y especialmente a mi hermana que ha sido siempre inspirada por Santa Teresa de Lisieux y La Madre Teresa de Calcuta.

Traducido del Inglés por Cecilia Pinedo

Reconocimientos en la página 128.

Hecho e impreso en los Estados Unidos de América.

ISBN: 1-59325-025-8

Compañeros para el Camino

Orando con La Madre Teresa

por
Jean Maalouf

La Palabra Entre Nosotros
Ijamsville, Maryland

✦ Índice ✦

✦ Prefacio ✦

Compañeros para el Camino

Así como la comida se necesita para la vida humana, también se necesitan los compañeros. Está claro, que la palabra viene del latín: *companius*, esto es *"cum"* y de *panis* que significa *"pan"*. Los compañeros nutren nuestro corazón, mente, alma y cuerpo. También son gente con la que podemos celebrar compartiendo el pan.

Posiblemente las historias más conmovedoras en la Biblia son sobre compañeros. La Última Cena, las Bodas de Caná, el compartir el pan y el pescado, Jesús compartiendo el pan con sus discípulos en el camino de Emaús. Cada incidente de compañía con Jesús nos revela más acerca de su misericordia, amor, sabiduría, sufrimiento y esperanza. Cuando Jesús fue a orar en el Jardín de los Olivos, imploró por la compañía de los Apóstoles. Pero no lo acompañaron. Dios envió al Espíritu para que llenara los corazones de los Apóstoles y se convirtieran en fieles compañeros de Jesús y fieles unos con otros.

A través de la historia, otros fieles compañeros han seguido a Jesús y a los Apóstoles. Estos santos y místicos también han asumido el camino espiritual desde la conversión, a través del sufrimiento, a la resurrección. También han sido inspirados por gente santa que estuvieron antes que ellos, así que también tú, puede que estés inspirado (a) por estos santos y místicos y los tengas como tus compañeros en tu jornada espiritual.

Los libros de los volúmenes Compañeros para el camino, son una respuesta al hambre espiritual de los cristianos. Estos volúmenes hacen accesible las ricas enseñanzas espirituales de místicos y guías, cuya sabiduría puede ayudarnos en nuestro peregrinaje. Al completar la última meditación de cada volumen, tenemos la esperanza de que se sienta apoyado, se sienta con un reto y se sienta seguro con la compañía del alma de la jornada espiritual.

El hambre espiritual, que ha aparecido en los últimos veinte años, es un gran signo de renovación en la vida cristiana. La gente llena programas de retiros y talleres con temas espirituales. La demanda de guías espirituales rebasa el número existente. El interés por la vida y libros sobre santos y místicos esta aumentando *mientras* la gente sigue buscando modelos de una santa vida cristiana.

Orando con la Madre Teresa

Orando con la Madre Teresa es más que un libro de la espiritualidad de la Madre Teresa de Calcuta. Este libro busca comprometerte en orar, como lo hacía la Madre Teresa, sobre eventos y temas que fueron centrales en su experiencia. Cada meditación puede iluminar tu entendimiento de su espiritualidad y guiarte a reflexionar sobre tu propia experiencia.

El objetivo en *Orando con la Madre Teresa* es que tú descubras la rica espiritualidad de la Madre Teresa, e integres su espíritu y sabiduría en tu relación con Dios, con tus hermanas y hermanos, como también en tu mente y en tu corazón.

Sugerencias para Orar con la Madre Teresa

Conoce a la Madre Teresa leyendo la introducción de este libro, ella es una compañía fascinante para tu peregrinaje. Contiene una biografía sintetizada de la Madre Teresa y un compendio de los temas principales de su espiritualidad.

Una vez que conozcas a la Madre Teresa, estarás listo para orar con ella en tu encuentro con Dios, con tus hermanas y hermanos, y para ti en nuevas y maravillosas formas. Para ayudarte en la oración, aquí te damos algunas sugerencias que han sido parte de una tradición de la espiritualidad cristiana:

Crea un lugar sagrado, dijo Jesús, " Cuando quieras orar vete a tu recámara y cierra la puerta, y ora a tu Dios que está en secreto; y tu Dios que todo lo ve te recompensará" (Mt 6,6). La oración a solas es la que mejor se hace, en un lugar donde puedas estar en privado y en silencio, los cuales pueden ser un lujo en la vida de gente muy ocupada. Si no es posible el silencio y la privacidad, crea un lugar privado y silencioso dentro de ti, posiblemente mientras manejas de ida o de regreso del trabajo, mientras esperas al dentista o mientras esperas a alguien. Haz lo mejor que puedas, sabiendo que nuestro Dios amoroso está en todas partes. Aunque las meditaciones de este libro son para hacerlas en grupo o uno solo, trata de crear un ambiente de oración con velas, música para meditar, una Biblia abierta o un crucifijo.

Ábrete al poder de la oración. Toda experiencia humana tiene una dimensión religiosa. Toda nuestra vida esta cubierta por la presencia de Dios. Así que ten en mente que Dios está presente cuando comiences tu tiempo de oración. No te preocupes de las distracciones. Si algo te interrumpe constantemente durante tu oración, toma un poco de tu tiempo para hablar con Dios sobre eso. Sé flexible porque el Espíritu de Dios soplará donde tenga que soplar.

La oración puede abrir tu mente y ampliar tu visión. Está abierto a nuevas formas de ver a Dios, a la gente y a ti mismo. Al abrirte al Espíritu de Dios, diferentes sentimientos son evocados, tales como la tristeza de recuerdos tiernos o la alegría de celebraciones recordadas. Nuestros sentimientos son mensajes de Dios que pueden decirnos mucho sobre nuestra búsqueda espiritual. También la oración refuerza nuestro deseo de actuar. A través de la oración, Dios puede tocar nuestra voluntad y nos hace más poderosos para vivir de acuerdo a lo que sabemos que es verdad.

Finalmente, muchas de las meditaciones de este libro te pedirán que emplees tus recuerdos, tu imaginación y las circunstancias de tu vida como objeto de oración. Los grandes místicos y santos estaban conscientes de que tenían que utilizar todos sus recursos para conocer mejor a Dios. Efectivamente, Dios habla con nosotros continuamente y toca nuestra alma constantemente. Debemos aprender a escuchar y sentir con todos los medios que Dios nos ha otorgado. Ven a orar con la mente, el corazón y la voluntad disponibles

Antes de comenzar, mira previamente cada meditación. Después de que te hayas puesto en la presencia de Dios, date un momento para ver previamente las lecturas y especialmente las actividades de reflexión. Varias actividades de reflexión son dadas en cada meditación porque los diferentes estilos de oración atraen según la personalidad o necesidad de las personas. Date cuenta que cada meditación tiene más actividades de reflexión que pueden ser realizadas durante un tiempo de oración. Por lo tanto selecciona una o dos actividades de reflexión cada vez que dediques una meditación. No te sientas obligado a realizar todas las actividades de reflexión.

Lee en forma de meditación. Cada meditación te ofrece una historia de la Madre Teresa y una o más lecturas de sus escritos. Tómate tu tiempo leyendo. Si alguna frase en particular te conmueve quédate con ella. Deléitate con sus sentimientos, significados y preocupaciones.

Utiliza las reflexiones. Después de las lecturas hay unas reflexiones cortas en forma de comentarios, las cuales tratan de dar una perspectiva a las lecturas. Luego se te ofrecen varias formas de meditar sobre las lecturas y los temas de la oración. Puede que estés familiarizado con diferentes métodos para meditar, pero en caso de que no lo estés, aquí están descritas brevemente:

✦ *Repite la oración corta o jaculatoria:* uno de los medios de enfocar tu oración es utilizando una jaculatoria o una palabra de "oración". La jaculatoria puede ser de una sola palabra o de una frase corta tomada de las lecturas o de las Escrituras. Por ejemplo, una oración corta para la meditación cuarta en este libro, puede simplemente ser "Jesús me ama". Repetirla lentamente en armonía con tu respiración, la jaculatoria te ayudara a centrar tu corazón y tu mente en una acción o atributo a Dios.

✦ *Lectio divina:* Este tipo de meditación es "un estudio divino", una reflexión concentrada en la palabra de Dios o la sabiduría del escritor espiritual. La mayoría de las veces la *Lectio divina* te invita a leer un pasaje varias veces y después concentrarse en uno o dos enunciados, ponderando su significado y efecto en ti. La *Lectio divina* comúnmente finaliza con la formulación de una respuesta.

✦ *Meditación guiada:* en este tipo de meditación, nuestra imaginación nos ayuda a considerar acciones alternativas y por lo tanto consecuencias. Nuestra imaginación nos ayuda a experimentar nuevas formas de ver a Dios en los vecinos, en nosotros mismos y en la naturaleza. Cuando Jesús les narró a sus seguidores parábolas e historias, Él comprometía su imaginación. En este libro tu estarás invitado a seguir una meditación guiada.

Una forma de hacer una meditación guiada, es leer la escena o historia varias veces, hasta que conozcas el tema y puedas recordarla cuando entres a la reflexión. O antes del tiempo de oración, quieras grabar la meditación en una grabadora. Si es así, recuerda hacer pausas para la reflexión entre las frases y hablar en una forma lenta, pausada y tranquila. Entonces durante la oración cuando haya terminado las lecturas y el comentario de reflexión, puedes prender tu grabadora de la meditación. Si encuentras que tu voz te distrae, pídele a un amigo que te lo grabe.

✦ *Examen de conciencia:* las reflexiones te pedirán muy a menudo que examines cómo Dios ha hablado contigo en tus experiencias pasadas y presentes—en otras palabras, las reflexiones te pedirán que examines tu conciencia en la presencia de Dios.

✦ *Escribiendo un diario:* el escribir es un proceso de descubrimiento. Si escribes honestamente lo que está tanto en tu mente como en tu corazón, desenterrarás mucho sobre quién eres y cómo estás con Dios, qué profundos anhelos habitan en tu alma y más. En algunas reflexiones, puede que desees escribir un diálogo con Jesús o con alguien más. Si nunca has utilizado la escritura como un medio de meditación, trata de hacerlo. Reserva un cuaderno en especial para llevar tu diario. Si deseas puedes regresar al diario en un futuro para un examen de conciencia.

✦ *Acción:* ocasionalmente una reflexión te sugerirá cantar un himno favorito, salir a caminar o realizar otra actividad física. Las acciones pueden ser formas significativas de oración.

Usando las meditaciones en oración de grupo.

Si desean utilizar las meditaciones para una oración comunitaria estas sugerencias les pueden ayudar:

✦ Lee el tema al grupo. Llamar a la comunidad a ponerse en presencia de Dios, utilizando la oración inicial. Invitar a uno de los participantes a leer una o las dos lecturas de la Madre Teresa. Si utilizas ambas lecturas, no te olvides de la pausa entre ellas.

✦ El comentario de reflexión puede utilizarse como lectura o puede excluirse, dependiendo de las necesidades o intereses del grupo.

✦ Selecciona una de las actividades de reflexión para tu grupo. Permíteles suficiente tiempo para que tu grupo reflexione, recitar una oración central o una jaculatoria, para realizar la "*Lectio divina*" o terminar un examen de conciencia. Dependiendo del grupo y del tiempo disponible, puedes invitar a tus participantes a compartir sus reflexiones, respuestas o peticiones con el grupo.

✦ Leyendo las palabras de las Escrituras, puede servir como un resumen o meditación.

✦ Si como oración final se les da una oración ya formulada o un salmo, puede ser recitado por el grupo entero. O pueden tener participantes que propongan sus propias oraciones como oración final.

Ahora estas listo para empezar a orar con la Madre Teresa, una fiel y devota compañera en esta etapa del camino espiritual. Se espera que encuentres en la Madre Teresa una verdadera compañía del Espíritu.

✧ Introducción ✧

La Madre Teresa de Calcuta: Una mujer enamorada de Dios

La historia de la Madre Teresa—quien ha sido llamada la mujer más reverenciada y poderosa del mundo—es simplemente la historia de amor más extraordinaria. Jesucristo ha sido su amado, su objetivo principal, y ha estado en el centro de toda su vida.

La Madre Teresa vivió en presencia de Dios, tanto como pudiese un ser humano. Vivió una vida contemplativa en un mundo de acción. Era la amante incondicional de Dios y de todos los seres humanos donde habita Dios, especialmente en los más pobres de los pobres. La Madre Teresa enseñó con sus palabras y especialmente con su ejemplo, que la santidad está a nuestro alcance, la santidad es posible y hasta es imperativa para cualquier persona. La Madre Teresa era genuina. Con razón tanta gente creía que era una Santa viviente y un gran evento, en la historia de una jornada de fe.

Nacida y llamada para vivir en Cristo

La Madre Teresa, nació como Inés Gonxha Bojaxhiu en 1910 en Skopje, Albania. Fue la tercera y última hija de Nikolle Bojaxhiu y Drana Bernai. Sus padres, especialmente su madre, eran devotos católicos. El padre de Inés murió cuando ella tenía solamente 9 años. Y dijo de su niñez y adolescencia: "Estábamos todos muy unidos, especialmente después de la muerte de mi padre. Vivíamos el uno para el otro y hacíamos cualquier esfuerzo para hacer feliz al otro. Éramos una familia muy feliz y muy unida" (Neff, p. 34).

Lázaro, el hermano de Inés, comentó: "Vivimos junto a la Parroquia del Sagrado Corazón de Jesús, algunas veces mi madre y hermanas parecían vivir tanto en la Iglesia como en la casa. Siempre estaban involucradas con el coro, los servicios religiosos y temas sobre las misiones" (Mother Teresa, *No Greater Love*, pp. 191-192).

Su madre nunca permitió que ningún pobre se fuera con las manos vacías. "Recuerden", les decía a sus hijos "que hasta los que no lleven nuestra propia sangre y aunque sean pobres, son nuestros hermanos en Cristo" (p. 192).

A la edad de 12 años, Inés empezó a sentir el llamado a la vida religiosa y misionera. En 1927 ella descubrió su vocación ante el altar de la Patrona de Skopje. "Nuestra Señora," dijo muchos años después, "intercede por mí y ayúdame a encontrar mi vocación" (p. 193).

A la edad de 18 años, Inés sintió un gran deseo de unirse a las Hermanas de Nuestra Señora de Loreto (comúnmente llamadas las Damas Irlandesas), un grupo de monjas que trabajaban en la India. Su madre estaba impactada por la decisión, pero su Párroco no estaba sorprendido. Aunque su familia primero reaccionó con frustración y sin poderlo creer, terminaron por alentarla a ir donde Dios la guiara.

En 1928, Inés, llorando, le decía adiós a su familia y abordaba un tren para el primer trayecto de su jornada hacia el monasterio de Loreto en Dublín Irlanda, donde estudio Inglés. Dos meses después, su inglés era considerado lo suficientemente bueno para ir a la India, donde empezaría su noviciado (período de estudio y contemplación requerido antes de tomar los votos para ser monja).

Al pie del Himalaya, en el convento de las hermanas de Loreto en Darjeeling, Inés empezó su noviciado en 1929. Estudió las Escrituras, las reglas de la orden religiosa de Loreto, otro poco de Inglés y las lenguas de la India, el Hindi y el Bengalí. También practicó el arte de la meditación y del silencio.

El 24 de Mayo de 1931, Inés tomó sus votos de pobreza, castidad y obediencia. Escogió el nombre de hermana Teresa, por Santa Teresa de Lisieux (del niño Jesús), la santa patrona de los Misioneros, cuya vocación era el amor. Inés tomó este nombre, porque Santa Teresa escribió en su libro "Historia del Alma": "El amor contiene todas las vocaciones". Inés estaba convencida como Santa Teresa de que podía vivir una vida de bondad, sencillez, niñez espiritual y una completa entrega a la voluntad de Dios y al amor que contienen todas las vocaciones.

La primera tarea de la hermana Teresa fué la de enseñar geografía e historia en la escuela del convento en Entally, un distrito de

Calcuta. También enseñó a estudiantes más jóvenes en la escuela de Santa María. Ella describió su vida con estas palabras: "Yo era la monja más feliz en Loreto. Dediqué mi vida a enseñar. Ese trabajo lo llevé a cabo con el amor de Dios, era un verdadero apostolado. Me gustaba muchísimo" (Neff, p. 36).

La hermana María Teresa Breen, quien estuvo con ella en el noviciado en Darjeeling, varios años después dijo lo siguiente sobre la hermana Teresa:

> La hermana Teresa siempre fue muy sencilla y bonda-dosa... no había nada extraordinario en ella. Sólo que fue una mujer sincera y humilde. Muy gentil, llena de rego-cijo. Disfrutaba todo lo que pasaba...
>
> ... Fue muy trabajadora... siempre tenía tiempo para esto, tiempo para lo otro, tiempo para todo. Nunca quiso eludir nada, siempre estuvo preparada para todo. Fue una persona piadosa y siempre fue ella misma. Nunca intento forzar a nadie. Sólo si querías. Era solamente lo que sentía que tenía que ser...Nos llevábamos muy bien y todos éramos muy felices, muy felices. (Chawla, pp. 11-12)

El 14 de mayo de 1937, la hermana Teresa tomó sus votos finales, prometiéndole servir a Dios por el resto de su vida.

Después la hermana Teresa continuó enseñando en Entally y eventualmente fue la Directora. Aunque los edificios escolares estaban algo aislados de la pobreza que existía alrededor, la hermana Teresa vio los barrios pobres y fue testigo del sufrimiento de sus habitantes y comenzó a preguntarse si estaba haciendo la voluntad de Dios. Pero no podía ir a ayudar, ya que las reglas de la Orden de enclaustramiento prohibían a una monja dejar el convento a menos que necesitara cuidado hospitalario o fuese al retiro anual en Darjeeling.

Por casi veinte años, la hermana Teresa vivió como monja de Loreto y seguía estrictamente las reglas y horarios de la orden de Loreto. El 10 de septiembre de 1946, algo cambió su vida y la historia de los cristianos para siempre. Este fue su "día de inspiración". Mientras oraba en un tren que iba de Calcuta a Darjeeling, la hermana Teresa sintió un llamado de Dios. Y entendió claramente que tenía que consagrar su vida a los más pobres de los pobres.

Dos años después obtuvo permiso de Roma para seguir su nuevo llamado. El 16 de agosto de 1943, se puso un sari blanco (vestido de la India) en vez del hábito religioso de las Hermanas de Nuestra Señora de Loreto y dejó el convento para comenzar con su nueva misión. Más tarde dijo que fue más difícil partir de Loreto que decirle adiós a su familia y a su país.

Los primeros pasos de la Madre Teresa, fuera de la orden que amaba, la llevaron a Patna, al Norte de Calcuta. Ella sabía, aunque también se le aconsejó, que necesitaba un entrenamiento básico en primeros auxilios y cuidados de enfermería. Las Hermanas Misioneras Médicas, quienes proveen de servicios médicos a los pobres, la ayudaron a adquirir ese entrenamiento. En los tres meses aproximadamente que permaneció con ellas, la Hermana Teresa se dio cuenta de la importancia de los principios de la nutrición y de la higiene. Aprendió a inyectar, prescribir medicamentos y manejar aparatos médicos.

En diciembre de 1948, la Hermana Teresa regreso a Calcuta. Se quedó temporalmente con Las Pequeñas Hermanas de los Pobres, una orden católica que tiene a cargo la Casa de San José para los ancianos. Pocos días después, se sintió lista para comenzar su trabajo en los barrios pobres de Motijhil, los cuales se encuentran a una hora de camino. Caminó sola, tratando de ver que cosas podían ayudar más, sin un plan específico de qué iba a hacer. Empezó con lo que era familiar para ella, le preguntó a algunas familias de Motijhil si podía darle clases a sus hijos. Debajo de un árbol les enseñó, junto con el alfabeto, el aseo personal. Después empezó a visitar a las familias de sus alumnos. Les ayudó a limpiar sus casas y ropas. Les ofreció su tiempo y su energía y muy especialmente les dio su gran amor.

Al principio el nuevo llamado de la Hermana Teresa no fue tan fácil. Pues no todos en Motijhil estaban felices con ella. Aunque muchos residentes aceptaban grátamente sus esfuerzos, muchos otros sospechando que sólo los quería convertir al catolicismo, le pedían que se fuera. No tenía una casa permanente y experimentó momentos de soledad, angustia y cansancio. Algunas veces estaba tentada

por el recuerdo de su vida feliz como una hermana de Loreto, pero entonces oraría a Dios:

> Dios mío, yo te escogí libremente
> y porque te amo,
> escogí permanecer fiel a mi decisión,
> y sólo hacer tu voluntad.

(Egan, At Prayer, p. 63)

Su visión era tan amplia que estaba lista para sobreponerse a cualquier dificultad. Eileen Egan, quien la conocía desde hacia mucho tiempo y quien viajó con ella por mucho tiempo, dice:

> Parecía no tener necesidades propias, sino siempre lista
> para responder a cualquier necesidad a su alrededor, lista

para ser el medio por el cual sanaría a aquellos que venían a ella casi inconsolables de dolor... sin importar que tan grande fuera el tumulto a su alrededor. La Madre Teresa parecía estar en calma, su mente y su corazón centrados en Jesús.

Llena por su llamado y por su nueva visión, La Hermana Teresa continuó ayudando y sirviendo al pobre. De pronto, una gran donación le permitió rentar dos cuartos que se convirtieron en sus salones de clase y un pequeño dispensario médico.

Pocos meses después, el número de alumnos aumentó, maestras voluntarias aparecieron y más donaciones le fueron enviadas. Ahora podía dirigir más ayuda a otro barrio pobre del distrito, no muy lejos de Motijhil. Y otra escuela se creó. La Hermana Teresa comenzó a sentir la necesidad de un hogar más cerca de los barrios pobres. Encontró un cuarto en la casa de la familia de un hindú católico, quienes la apoyaron fuertemente.

Su misión en los barrios pobres continuó creciendo:

> Una a una, —decía ella—vi a chicas jóvenes llegar después de 1949. Eran mis alumnas. Querían darlo todo a Dios y estaban ansiosas por hacerlo. (Madre Teresa, My Life, pp. 11-12)

En 1950, fundó la Orden de las Misioneras de la Caridad y se convirtió oficialmente en la Madre Superiora, mejor conocida como Madre Teresa, título que algunas personas habían estado usando desde que se convirtió en la directora de la escuela Santa María en 1937.

Su nueva orden se expandió día con día, hasta que la Madre Teresa sintió que necesitaban un lugar más grande. Por lo que ella y sus hermanas se pusieron a rezar de manera intensa y persistente. Su respuesta llegó cuando un hombre llevó a la Madre Teresa a un edificio de tres pisos en Lower Circular Road. El dueño del edificio, que era un musulmán, se lo vendió a la Madre Teresa por una fracción de su costo real, como un gesto de contribución por el gran trabajo que ella estaba realizando.

En 1953, las casi treinta Misioneras de la Caridad tenían oficialmente una casa matriz en Lower Circular Road número 54. El aire acondicionado, ventiladores, lavadoras y cualquier otra comodidad moderna no se permitían. Las hermanas querían estar, en toda forma, como los pobres a quienes ellas servían. Sólo aceptaban lo que la gente les daban. Cada hermana tenía un par de sandalias, tres saris (vestido de la India) y virtualmente nada más. Dios era su proveedor. Ellas creían que si Dios quería esta Orden, Él las proveería de los medios necesarios para cumplir su cometido.

En 1969, los colaboradores de las Misioneras de la Caridad, un grupo de seglares, hombres y mujeres, fueron oficialmente afiliados a las Misioneras de la Caridad.

Con el liderazgo de la Madre Teresa, las Misioneras de la Caridad, y sus Colaboradores seglares, continuaron creciendo en número y actividades caritativas. A través de los años se han expandido a más de cien países. Han formado una gran red de trabajo en escuelas, dispensarios, casas para discapacitados, niños abandonados, leprosos, alcohólicos y drogadictos, indigentes, moribundos y para madres solteras. Proveen comida caliente cada día y asistencia de emergencia. También han creado centros para aquellos que sufren de desnutrición, tuberculosis y sida.

Mientras la Madre Teresa y sus seguidores ganaban reconocimiento internacional, los reporteros estaban cada día más deseosos de saber más sobre la Madre Teresa y su misterio. Para su curiosidad la respuesta de la Madre Teresa fue que tuvo una infancia muy feliz y una dichosa vida religiosa. Y entonces ella cambiaba su conversación hacia los pobres y como deberían de ser ayudados. Aún cuando su salud comenzó a deteriorarse en 1988-89, y fue hospitalizada por dolores de pecho, y los doctores como otras personas estaban haciendo todo lo que estaba a su alcance para salvarla, la Madre Teresa permanecía en calma, lista para morir sin fanfarrias, como los pobres a quienes ella servía. Nunca quiso admitir, ni siquiera durante los años en que su salud se deterioraba, que su salud era frágil. Ella sólo quería seguir trabajando como siempre lo había hecho.

El 5 de septiembre de 1997, a la edad de 87 años, murió la Madre Teresa. La ceremonia de tres horas, del funeral, fue parte del rito Católico Apostólico Romano y la otra parte un servicio de homenaje póstumo llevado a cabo por líderes de otras religiones y representantes de gobiernos extranjeros.

"La Madre Teresa logró ver el rostro de Dios en cada ser humano que sufría", dijo el Cardenal Ángel Sodano, el Secretario de estado del Vaticano, en una apología que le fue entregada en nombre del Papa Juan Pablo II, y añadió, "Madre Teresa, toda la iglesia te da las gracias por tu brillante ejemplo y promete hacerlo nuestra herencia", y agregó: "Gracias por todo lo que has hecho por los pobres en todo el mundo. Querida Madre Teresa, descansa en paz" (Crossette, p. 14).

El proceso de beatificación de la Madre Teresa, cuya celebración será el próximo 19 de Octubre, 2003, ha sido el proceso que más rápido se ha podido realizar en la historia moderna. Poco más de un año después de su muerte, S.S. el Papa Juan Pablo II permitió la inmediata apertura para la causa de su canonización, haciendo una dispensa especial del tiempo normal de cinco años de espera, que usualmente se da para empezar dicho proceso. La desaparición mila-grosa del tumor canceroso en el estómago de una señora Hindú de treinta años, sucedido al primer año de la muerte de la Madre Teresa, facilitó el camino de la beatificación. La correspondiente investiga-ción por parte de los consultores médicos del Vaticano concluyó que no había ninguna explicación médica para esa sanación.

Amor Incondicional

El único lenguaje que Dios entiende es el lenguaje del amor. Dios ama y quiere ser amado. Dios dice, "Tú eres mi ser amado". Pero Dios también pregunta: "¿Me amas? ¿de veras me amas?. Tenemos innumerables oportunidades de decir sí o no.

Toda nuestra vida espiritual depende del "sí" que le digamos a Dios; después nuestra vida entera cambia radicalmente. Estando aquí o allá, estudiando una carrera o no, siendo elogiado y vana-gloriado con honores o duramente rechazado, caminando o descan-sando, teniendo dinero o no, viviendo o muriendo – lo que seamos, tengamos y hagamos, como vivamos, se convierte en esa exigente e invitadora pregunta, "¿Me amas?".

La Madre Teresa contestó sin titubeos con un apasionado sí. Lo dijo en palabras. Lo dijo con su vida, viviendo día a día esas palabras.

Claro está que estaba interesada en que su trabajo fructificara. Fundó una orden religiosa, y después un grupo de respaldo para que la apoyara. Construyó a través del mundo, cientos de centros, clínicas, hogares y refugios para gente necesitada, y diariamente cocinó para los alcohólicos y drogadictos, los mentalmente incapacitados y niños abandonados, madres solteras, indigentes moribundos y demás. Pero todo esto aunque extraordinario no era el objetivo principal. Entre sus más profundas preocupaciones estaban las preguntas, "¿Amo a Jesucristo?" y entonces "¿Amo a Dios encarnado en los enfermos, prisioneros, rechazados, los que viven en soledad, abandonados y moribundos?". Su vivo "sí" a estas preguntas fue lo que le permitió darle sentido a todo lo que hizo en el mundo.

La Madre Teresa indicó:

> Las Misioneras de la Caridad no son activistas sociales, sino contemplativas en el propio corazón del mundo de hoy. Tomamos literalmente las palabras de Jesús: "porque teniendo Yo hambre, me habéis dado de comer, teniendo sed, me habéis dado de beber; siendo un forastero, me recogisteis; estando desnudo me vestisteis; estando enfermo fuisteis a visitarme, estando en la cárcel, fuisteis a verme. (Mt 25,35-36). De esta forma estamos en contacto con Él, veinticuatro horas al día. Esta contemplación, este acercamiento a Cristo en el pobre, es hermoso, muy real y lleno de amor. (Madre Teresa, *Heart of Joy*, p. 32)

Realmente la filosofía sobre la vida, de la Madre Teresa, esta basada en la realidad de la Encarnación, el corazón de Dios convirtiéndose "a un corazón de carne" en Jesús. Ella verdaderamente creyó que conocer y vivir el corazón de Dios significa proclamar que "Dios es amor" (1Jn 4,8) y solamente amor. Ella también entendió que "amamos por que Dios nos amó primero" (1Jn 4,19).

Jesucristo, el encuentro del amor de Dios, grita fuertemente, "El que tenga sed, que venga a mí y beba" (Jn 7,37). Él dice "Venid a mí todos los que estáis fatigados y abrumados de la carga, y Yo os aliviaré. Poned mi yugo sobre vosotros, y aprended de mí; pues soy manso y humilde de corazón, y hallaréis el reposo para vuestras almas" (Mt 11, 28-29). El amor incondicional de la Madre Teresa por Jesucristo era el verdadero secreto y la real motivación detrás de todo lo que ella hizo. Su liderazgo venía de la íntima relación con Jesús encarnado, y Jesucristo era su guía, su aliento y la fuente de su inspiración. Por eso su éxito fue cierto e inmenso. Esta es la razón por la que fue capaz de inspirar vida nueva de fe y esperanza, trayendo consigo bienestar y conciencia, y derramando amor y reconciliación. Por eso, la Madre Teresa podía ser convincente sin ser fanática, ser flexible, sin ser relativista, sin ser blanda ni manejable, pero sí poder ser pacífica y amable, ser deseosa de confrontar con amabilidad sin ofender a otros, ser tolerante sin comprometer la verdad, atraer gente a sus creencias sin manipularlos, ser exigente sin ser de criterio cerrado, ser escrupulosamente honesta sin molestar, y ser apasionada sin ser muy fastidiosa.

En una relación íntima y amorosa con Jesucristo, el dedicarse tiempo extra, el tener éxito o ser sobresaliente pareciera importar cada día menos y daría preferencia al deseo de servir a todos nuestros hermanos y hermanas, sin importar quién, qué, o dónde se encuentren, en nombre de aquel, que dijo, "En verdad os digo que en tanto que lo habéis hecho a uno de estos hermanos míos insignificantes, a mí mismo me lo habéis hecho." (Mt 25,40). La Madre Teresa tomó la palabra de Jesús en sus manos e hizo exactamente lo que Él le dijo que hiciera. Ella amaba a Jesucristo, su Señor, lo veía y lo adoraba en cada hombre y mujer que conocía y servía.

La Paz en Acción

¿Qué puede una monja tan sencilla y pobre como la Madre Teresa decir sobre la paz del mundo? Por supuesto que muchísimo, la Madre Teresa era una auténtica pacificadora que inspiraba a muchos.

A través de su enfoque sobre el amor de Dios, la Madre Teresa vivió la paz. Su misma vida mostró que la paz es posible y que uno la puede ver y tocar. Aunque ella no inventó un sistema para establecer la paz mundial, su modelo de vida era mucho más efectivo que cualquier sistema sofisticado que los más creativos filósofos e ideólogos pudiesen inventar. No existe duda alguna del porqué se ganó el Premio Nobel de la Paz, La Medalla de Oro del Comité de Paz de la Unión Soviética y el Premio por la Paz del Papa Juan XXIII.

No hay duda alguna del porqué se atrevió a escribirle a los Presidentes George Bush de Estados Unidos y a Saddam Hussein de Iraq en 1991, con la esperanza de convencerlos de no iniciar la guerra.

No es de extrañarse que el Papa Juan Pablo II reconoció su carisma y santidad, y la escogió para convertirla en fiel colaboradora y embajadora universal.

No hay duda de por qué viajó a Asís en 1986 cuando el Papa le pidió que fuera para tomar parte activa en la reunión mundial de oración por la paz que congregó a dirigentes espirituales de todas las religiones, naciones, lenguajes y culturas. En el día de la reunión nadie parecía tener más derecho o sentir mas gozo de estar allí, en Asís, que la Madre Teresa. En el último día, los participantes del Día Mundial de la Oración por la Paz repitieron una de las oraciones preferidas de la Madre Teresa, inspirada por San Francisco, pidiéndole a Dios nuestro Señor que nos haga instrumentos de su divina paz.

La Madre Teresa no perdió el tiempo analizando y especulando sobre la existencia y causas de la violencia en el mundo; ni siquiera se atrevió a cambiar las leyes injustas, el prejuicio racial, las estructuras injustificadas y las tradiciones parciales; no, la Madre Teresa sació las necesidades del ser humano, dio de comer al hambriento, curó a los enfermos, ayudó a que se recuperaran los moribundos o los ayudó a morir con dignidad. Tocó los corazones de la gente con su amor. Estaba convencida que a la gente que sirvió, movió y transformó por su gran amor, tenían dentro de sí la capacidad de cambiar su propia condición y la de su misma sociedad herida.

La Madre Teresa estaba en lo correcto, la paz no nace de cambios externos, sino de un cambio del corazón. Una vez que ese cambio interno se hace presente, entonces las leyes, condiciones, estructuras y tradiciones caerán en línea para llevar a cabo el proceso de paz. Ejemplos de esta verdad viva, como el de la Madre Teresa, son siempre los mejores maestros.

La Madre Teresa vivió el amor, el gozo y la paz del Señor - que son el camino hacia la paz mundial. Su trabajo de amor fue un ejemplo concreto de vivir y hacer la paz. Lo que ella decía con su trabajo era en esencia muy simple: vive en paz con tu esposa, hijos, familiares, amigos y comunidad; preocúpate por todos los que conozcas. Los discursos no traen la paz al mundo. Los pequeños actos de amor y bondad traerán la paz, paz en acción. Su enorme éxito demuestra que esto es verdad y que a través de acciones de amor todos, de una u otra forma pueden hacer la diferencia en el proceso de paz.

Una Avalancha de Premios

Una vida totalmente dedicada a Dios puede estar llena de paradojas. ¿Quién pensaría que una humilde y auténtica monja, que nunca había sido tan conocida, sería colmada de honores y reconocimiento público? Pareciera que todos estaban interesados en premiar y apoyar a esta generosa mujer. La gente creía en ella y la admiraba por su completo desprendimiento de las cosas materiales. Su amor incondicional, como un imán, llamaba la atención de otros y los involucraba en su causa. Su orden se extendió a cada continente y su influencia en todo el mundo le trajo una gran gama de honores.

En 1962, la Madre Teresa fue homenajeada con el Padma Sri, "Orden de los Lotos", un distinguido premio otorgado por el Gobierno de la India. En el mismo año en Manila fue premiada con el Premio Magsaysay, por la Conferencia de los Estados Asiáticos y fue descrita como la mujer más valiosa en Asia.

En 1970 recibió el Premio de la Buena Samaritana y el Premio de la Fundación Kennedy en los Estados Unidos.

En 1971 recibió el Premio de la Paz del Papa Juan XXIII en el Vaticano.

En 1972, se le premió con el Premio Pandit Nehry por el Entendimiento Internacional.

En 1973 recibió el Premio Templeton en Londres y El San Luis de Marillac en Los Angeles, California.

En 1975 recibió el Premio Albert Schweitzer en los Estados Unidos.

En 1977, recibió el Doctorado Honoris Causa de la Universidad de Cambridge en Inglaterra.

En 1979, recibió el Premio Balzan del Presidente de la República de Italia.

Y también ese año, recibió el premio más famoso internacionalmente el Premio Nobel de la Paz en nombre de los pobres.

En 1985 recibió la Medalla de Honor Presidencial del Presidente Ronald Reagan de los Estados Unidos.

En 1987 recibió La Medalla de Oro del Comité por la Paz de la Unión Soviética por promover la Paz y la Amistad entre la gente.

En 1990 recibió la Medalla Internacional León Tolstoy dada por el Gobierno Soviético.

En 1992 recibió el Premio por la Educación en la Paz de la Organización Educacional, Científica y Cultural de las Naciones Unidas (UNESCO). En el mismo año también recibió el Premio del Júbilo y Esperanza "Gaudium et Spes de los Caballeros de Colón".

En 1996 el Presidente Bill Clinton, de los Estados Unidos, firmó la ley en el Congreso haciendo a la Madre Teresa Ciudadana Honoris Causa de los Estados Unidos. El Presidente Clinton elogió a la Madre Teresa por traer esperanza y amor a los huérfanos y niños abandonados en todo el mundo.

Probablemente nadie haya recibido tantos honores. De alguna forma mientras la Madre Teresa se resistía a tener cualquier tipo de reconocimiento era cuando más los recibía. Era un perfecto ejemplo vivo de la paradoja: Cuanto más das más recibes. Cuando la Madre Teresa recibía algo lo hacia por sus pobres - Los Pobres de Cristo. Cualquier ayuda, por pequeña que fuera, era bienvenida y rápidamente dirigida a construir un hogar más para recibir y honrar a Jesucristo.

Los premios no echaron a perder a la Madre Teresa, sino por el contrario ellos sirvieron para levantar la conciencia de la gente y su visión por la causa.

Temas Centrales en la Espiritualidad de la Madre Teresa

En la ceremonia del Premio Nobel en Oslo, en 1979, un periodista le preguntó a la Madre Teresa sobre su identidad como persona y ella le contestó :"Por origen y sangre soy de Albania. Mi ciudadanía es hindú y soy una monja Católica. Por mi llamado en Cristo, pertenezco al mundo entero y en cuanto a mi corazón le pertenezco enteramente al corazón de Jesús (Egan, *Such a Visión*, p. 357). Estas declaraciones también definen su identidad espiritual.

La creencia religiosa de la Madre Teresa no fue sólo un ejercicio mental de credibilidad y especulación. No fue una gran escritora, teóloga o filósofa. Fue una persona con una inmensa compasión, sensibilidad y apertura. Era sencillamente única. Su fe estaba integrada con su compasión y su compasión dictaba su comportamiento. Su religión era una contemplación en acción. Ella no buscaba a la gente para convertirla a su religión, simplemente vivía sus creencias apasionada e intensamente demostrando que cuando se da el amor, la bondad, y la atención que los seres humanos necesitan, sin importar quien o que son, aún si son los más pobres de los pobres, pueden ser transformados y descubrir la dignidad del ser humano. Nos ha enseñado que en la persona se integra lo humano y lo divino. Por esa razón atrajo la atención del mundo entero.

Viviendo en Cristo. Su identificación con Cristo fue el centro de la vida de la Madre Teresa. Su devoción hacia los pobres y necesitados reflejó su entendimiento de que Cristo estaba en ella y ella estaba en Cristo.

Confianza sin límite en la oración y el silencio. "La Oración", de acuerdo a la Madre Teresa, "es al alma- así como la sangre es para el cuerpo, la oración alimenta el alma y te acerca más a Dios". También dijo, "Siempre comienzo mi oración en silencio, porque es en el silencio de mi corazón donde Dios me habla " (Madre Teresa, *A Simple Path*, p. 7).

Amor incondicional por Jesucristo. La espiritualidad de la Madre Teresa estaba centrada en su pasión incondicional por el Señor. A través de sus oraciones y trabajos podemos observar su total compromiso con Jesucristo y con los pobres que lo representan a El. La Madre Teresa vio a Jesucristo en los pobres y amó a Dios en su creación. Vivió el evangelio con toda su alma, corazón, mente y fuerza; con conciencia y sinceridad. La Madre Teresa fue un ejemplo vivo de espiritualidad encarnada.

Atendiendo al Llamado del Señor. La Madre Teresa creyó firmemente que el Señor la había llamado para ser monja y que Dios, más tarde, la había llamado para servir a los pobres. Estaba convencida de que la felicidad se adquiere cumpliendo el papel al que Dios le había llamado.

Compasión sin límite por los pobres. La Madre Teresa es reconocida en todo el mundo por cuidar de los enfermos, los pobres y los moribundos. Mostró su profunda compasión y preocupación por todos los necesitados. También amplió su definición de pobre para incluir a los rechazados, despreciados y no amados, éstos son aún más pobres que los que sólo no tienen dinero. La Madre Teresa demostró tener una gran sensibilidad por los necesitados sicológica y espiritualmente, tanto como los necesitados físicamente.

Contemplación en el mundo. Para la Madre Teresa la contemplación y la acción no eran dos conceptos separados y exclusivos sino que las visualizaba ambas, como una fe en acción.

Alegría incesante. La Madre Teresa enfatizó la importancia de la alegría en su vida y en la vida de sus seguidores, diciendo, "La alegría es oración, es fuerza, es amor" (Madre Teresa, *Jesus*, p. 127). La alegría está presente como Regla en las Misioneras de la Caridad, como un regalo del Espíritu Santo y como un signo del Reino de Dios. Así de importante es la alegría.

Confianza sin condiciones en la Providencia de Dios. La vida de la Madre Teresa parecía ser la respuesta a la arrolladora presencia del Amor divino, vivo en todo su ser. En su filosofía de la vida y en sus acciones, la Madre Teresa contaba con la Divina Providencia en cada una de sus necesidades. Confiaba en que Dios es el verdadero proveedor y por eso no se preocupaba.

La vida familiar. De acuerdo a la Madre Teresa, la vida familiar debe permanecer unida, en paz y santidad. Apremiaba a todos a que hicieran de su hogar, como el de Nazaret, un lugar donde pudiesen invitar a Jesucristo a vivir con ellos.

Liderazgo. La Madre Teresa creía que es responsabilidad de cada uno de nosotros guiar a los demás permitiéndole a Dios hablarles a través de ellos y también viviendo la palabra de Dios.
Pacificador. Cuanto más cerca vivamos de Jesús, más cerca estaremos de experimentar su paz. Con su vida de paz en Cristo la Madre

Teresa dio a la gente un modelo para seguir y encontrar la paz en su familia y en el mundo.

Instrumento de Dios. La total entrega a Dios era la meta de la Madre Teresa. Se describía a si misma como el lápiz, escribiendo lo que Dios quería.

Devoción a María. Para la Madre Teresa, amar y tener confianza en María es una forma de fortalecer nuestra relación con Jesús.

La santidad y una forma de vida sin condiciones. El camino de la Madre Teresa era una total fidelidad a las enseñanzas de Jesucristo a través de la pobreza y la sencillez. Su aspiración fue la santidad, a la que veía como una necesidad de vida realizable por todos.

Rezando con la Madre Teresa

"Mi secreto es muy simple", dijo la Madre Teresa: "Me pongo en oración y a través de mi oración llego a ser una en el amor con Cristo y veo que al hacer oración con Él es amarlo, que significa cumplir su palabra. (Madre Teresa, *Life in the Spirit*, p. 1). La Madre Teresa creyó en el poder de la oración. Creyó en que Dios escuchaba sus oraciones y las de sus hermanas. Su confianza en Dios le permitió obtener lo que necesitaba. La Madre Teresa dependía totalmente del Todopoderoso. Solía decir: "Tomo la palabra de Jesús, cuando dijo "pide y recibirás", así que pido. Si es para su gloria, Él me lo dará, si nó, hay que olvidarlo. Dios sabe lo que es bueno para nosotros". (Le Joly, *Mother Teresa*, p. 119-120). La Madre Teresa tuvo éxito porque la oración siempre estuvo primero en su vida.

La Madre Teresa para hoy

La gente de todo el mundo, de diferentes religiones, antepasados, creencias, razas y nacionalidades oran a esta monja católica, que dondequiera irradió amor, servicio, paz, integridad y santidad. Esta persona maravillosa lograba atraer hombres y mujeres, jóvenes y viejos, ricos y pobres, educados y no educados a su Orden de las Misioneras de la Caridad y para sus colaboradores. Era para mucha gente un imán y a la vez un reto. Siguiendo sus pasos radicales, esa personas encontraron un sentido a su vida y felicidad al servir a otros. Descubrieron la satisfacción esencial y existencial que estaban buscando y que no habían podido encontrar.

La Madre Teresa era la respuesta viviente para cada mente y corazón que no encuentran un sentido en la avaricia, ira, odio e indiferencia. Su forma de vida nos dice que hay mucho más en nuestro recorrido por la tierra que andar acumulando posesiones. Provee un modelo contemporáneo para las cualidades de santidad: un amor incondicional para Dios y para otros; un servicio de cuidado por aquellos que son pobres, enfermos y moribundos, también ser pacificador. Mostró concretamente como atender todo ésto. Podemos confiar ciegamente en su compañía y que sea nuestra guía en nuestro trayecto espiritual.

Esta mujer que escogió vivir en la pobreza y humildad es altamente admirable porque estaba llena de energía por la fe y confianza genuina en Dios y un verdadero respeto por la humanidad. Era el mensaje del Espíritu Santo en acción. En los millones de ojos que compartían su fe y otros que no, era una santa viviente porque los tocó y los transformó por su infinito amor. "Sólo existe un amor y este es el amor de Dios", es lo que nos enseñó.

> Una vez que amemos a Dios en lo más profundo de nuestro ser, amaremos a nuestro prójimo con la misma intensidad, porque mientras crezcamos en nuestro amor por Dios, crecemos también para respetar todo lo que Él ha creado y reconocer y apreciar todos los dones que nos ha dado. Entonces naturalmente queremos cuidarlo todo. (Madre Teresa, *A Simple Path*, p. 80)

La misión de la Madre Teresa sigue adelante en su Orden. Las Misioneras de la Caridad continúan sosteniendo la paz que Dios prometió al ser humano. Y continúan su trabajo de amor, como la Madre Teresa dijo, "nuestros trabajos de amor no son más que trabajos de paz", (Madre Teresa, *Life in the Spirit*, p. 85).

La Madre Teresa dejó un legado de amor, bondad y generosidad que el mundo nunca olvidará. La Madre Teresa cantó muy fuerte su canción de amor a Dios.

✧ Meditación 1 ✧

La vida en Cristo

Tema: "Ya no vivo yo; es Cristo el que vive en mí" (Gál 2,20).

Oración Inicial: Querido Señor, concédeme la gracia, día a día, de ser libre de lo que me impida verte en mi vida y de darme cuenta que mi vida es real cuando está contigo, en ti y para ti. Ayúdame a vivir tu verdad, tu camino y tu vida, para que pueda encontrarme a mi mismo y alcanzar a otros en tu nombre. Amén.

Acerca de la Madre Teresa

El trabajo de la Madre Teresa y de sus Misioneras de la Caridad, aunque estaban completamente consagradas a los pobres, no se centraba en los pobres, como ha sido presentado en la prensa, y como muchos de nosotros lo hemos creído. La verdad es que estaba centrada en Jesucristo. La Madre Teresa escuchó la voz de Jesucristo en el fondo de su alma. La llamó para que le sirviera con el ministerio de los pobres y ella respondió a su llamado. Ella estaba anclada en Cristo, el centro de su vida, como se explica en la siguiente oración:

Quién es Jesús para mí?
Jesús es la Palabra hecha carne.
Jesús es el Pan de Vida.
Jesús es la Víctima ofrecida en la Cruz por nuestros pecados.
Jesús es el sacrificio ofrecido en la Santa Misa por los pecados del mundo y por los míos.

Jesús es la Palabra—para ser proclamada.
Jesús es la verdad—para ser dicha.
Jesús es el camino—para ser recorrido.
Jesús es la Luz—para ser encendida.
Jesús es la vida—para ser vivida.
Jesús es el amor—para ser amado.
Jesús es la alegría—para ser compartida
Jesús es el sacrificio—para ser ofrecido.
Jesús es la paz—para ser dada.
Jesús es el Pan de Vida—para ser alimento.
Jesús es el hambre—para ser saciada.
Jesús es la sed—para ser satisfecha.
Jesús es el desnudo—para ser vestido.
Jesús es el desamparado—para ser protegido.
Jesús es el enfermo—para ser sanado.
Jesús es la soledad—para ser amada.
Jesús es el despreciado—para ser querido.
Jesús es el leproso—para lavar sus heridas.
Jesús es el mendigo—para darle una sonrisa.
Jesús es el borracho—para escucharlo.
Jesús es el enfermo mental—para protegerlo.
Jesús es el pequeñito—para abrazarlo.
Jesús es el ciego—para guiarlo.
Jesús es el mudo—para hablar por él.
Jesús es el cojo—para caminar con él.
Jesús es drogadicto—para ser su amigo.
Jesús es la prostituta—para retirarla del peligro y ser su amiga.
Jesús es el prisionero—para visitarlo.
Jesús es el anciano—para servirlo.

(p. 128-129)

Para mí—
Jesús es mi Dios.
Jesús es mi esposo.
Jesús es mi vida.
Jesús es mi único amor.
Jesús es mi todo en el todo.

Jesús es mi todo.
Jesús, es a quien amo con todo mi corazón, con todo mi ser.
A El le he dado todo, hasta mis pecados, y Él me ha esposado, con toda su ternura y amor.
Ahora, y por toda la vida, soy la esposa de mi Esposo sacrificado.

(Madre Teresa, *Jesus*, p. 129)

Pausa: Piensa en cómo vives tu propia vida. ¿Hace Jesucristo alguna diferencia en tu vida? ¿Por qué sí o por qué no?

Palabras de la Madre Teresa

Somos contemplativas en medio del mundo por qué tocamos a Jesucristo veinticuatro horas al día. (Madre Teresa, *Heart of Joy*, p. 53)

Mantén la Luz de Cristo siempre encendida en tu corazón—porque Él sólo es el camino a seguir. Él es la Vida para vivir. Él es el Amor para amar. (Madre Teresa, *Life in the Spirit*, p. 87)

Reflexión

El Secretario General de las Naciones Unidas, llamó a la Madre Teresa la mujer más poderosa del mundo. Claro que lo era, por que su único objetivo en la vida era el amor a Jesucristo. Sin Él, no podría ser nada, pero con Él, por Él, y en Él, ella podía mover montañas. El poder de su oración, su completa aceptación de la voluntad de Dios, su amor por todos los seres humanos y su sensibilidad por ver a Cristo encarnado en cada ser humano, le permitía decir genuinamente: "Él lo hace, yo no lo hago. Estoy más segura de eso que de mi propia vida" (Le Joly, *Mother Teresa*, p. 172).

El tremendo éxito de la Madre Teresa y su gran influencia en la gente, no puede ser comprendido únicamente en términos humanos. La única explicación convincente, es que la totalidad de "El fenómeno Madre Teresa" es tan solo una parte del gran plan divino para el mundo. Porque su visión era llevar el mundo entero a Cristo, a

Quien ella amo incondicionalmente y por Quien ella trabajó incansablemente. La Madre Teresa fue un regalo especial a la Cristiandad y al mundo.

Aunque su vida fue pobre en bienes materiales, fue rica en Cristo, el propósito de su amor verdadero, su *alfa* y *omega*, a Quien ella pertenecía. "Nuestra vocación", afirmaba fuertemente, "es pertenecer a Jesús, pertenecer con convicción, no porque mi vocación es trabajar con los pobres o por ser contemplativa, sino porque yo he sido llamada a pertenecer a Él en la convicción de que nada me puede separar de su amor" (Madre Teresa, *Jesus*, p. 65).

Vivir en Cristo fue indudablemente el secreto de su habilidad para predicar el Evangelio sin evangelizar, en un sentido propagandístico. La Madre Teresa, simplemente vivía para Cristo y en Cristo cada momento de cada día, en cualquier situación en que se encontrara y con cada persona que conocía. Para ella, Jesús no era solamente una página de la Historia, Jesús estaba aquí y ahora, Él estaba en la Eucaristía y era Carne y Sangre. Dios estaba en cada alma necesitada y en sufrimiento. Él estaba en cada persona. Él estaba en continua encarnación. Él le daba un sentido a su vida. "Jesús explica nuestra vida" (Madre Teresa, *My Life*, p. 28), confesaba ella.

La Madre Teresa se olvidó de si misma, para encontrarse en Cristo. Esta no es una auto destrucción, sino una profunda transformación interna por la cual uno experimenta a Cristo en todas las cosas y todas las cosas en Cristo. Jesús le dijo a sus amigos: "Yo estoy en mi Padre, vosotros en mí y Yo en vosotros" (Jn 14, 20).

Y San Pablo dijo "Ya no soy Yo quien vive sino es Cristo quien vive en mí" (Gál 2, 20). Tal transformación no es únicamente mística, sino que inevitablemente cambia a la persona, la vida que la rodea y por lo tanto cambia al mundo. La Madre Teresa se dejó envolver en la vida de Cristo y nos ayudó a ver que ese cambio está al alcance de todos nosotros.

✧　¿Cómo experimentas a Dios en tu vida?

✧　¿Qué sientes cuando escuchas a Jesucristo decirte personalmente " Tú estas en Mí y Yo estoy en Ti?"

✧　¿Qué significa para ti identificarte con Jesucristo? ¿Qué significa para ti identificarte con los demás? ¿Cómo esa identificación con los demás refleja tu identificación con Cristo?

✧ ¿Es esa identificación con Cristo y con los demás una forma directa para tu crecimiento personal? Explica.

✧ ¿Qué acción podrías tomar para hacer tu identificación con los demás, un paso verdadero hacia tu vida en Cristo?

✧ ¿De qué manera vives en Cristo?

✧ ¿Que hace a una comunidad verdaderamente cristiana? ¿Qué pasos prácticos podrías tomar ahora para hacer de tu comunidad una gran fuente de energía y apoyo en tu propia vida en Cristo?

✧ Siéntate en una posición cómoda. Respira profundamente, luego consciente y lentamente di la palabra "Jesús", mientras inhalas y exhalas. Repítelo por varios minutos.

Palabra de Dios

Seguid unidos a mí, como yo sigo unido a vosotros. Así como el sarmiento no puede dar fruto solo, si no sigue adherido a la vid, así tampoco vosotros, si no permanecéis adheridos a mí. Yo soy la vid y vosotros sois los sarmientos. El que sigue adherido a mí, y Yo unido a él, rinde abundante fruto. Separados de mí no podréis hacer ninguna cosa. A todo aquel que no permanezca adherido a mí, se le hecha fuera lo mismo que al sarmiento; se seca luego; después se juntan todos los sarmientos secos y se les hecha a la lumbre, y ahí arden. Si permanecéis unidos a mí, y tenéis mis palabras grabadas en vosotros, pedid lo que queráis y lo conseguiréis. (Jn 15,4-7).

Oración final: Todo lo puedo en el que me da fuerzas (Cfr Fil 4,13), por favor Señor, permíteme cubrirme con tu amor para que te conviertas en mi vida. Solo cuando yo pueda ser consciente de la grandeza de tu amor solo así me daré cuenta de que tu grandeza es un horizonte ilimitado de tu amor y en todos aquellos en quienes desees habitar.

✦ Meditación 2 ✦

La Urgencia de Orar

Tema: "Orar", dijo la Madre Teresa, "es tan necesario como el aire, como la sangre en nuestro cuerpo, como cualquier cosa para mantenernos vivos – para mantenernos vivos en la gracia de Dios" (Neff, p. 20).

Oración inicial: Señor, tu dijiste que sin ti no puedo hacer nada (Jn 15,5) y tu apóstol nos dijo que contigo todo lo puedo hacer (Fil 4,13). Te encarezco, Dios mío, que vengas y habites en mi corazón, para que pueda, a través de tu infinito e incondicional amor, responder a toda la gracia que tú has sembrado en mí, haciendo tu voluntad y amando a mis hermanos.

Acerca de la Madre Teresa

La ciudad de Beirut, en el Líbano, ha sido destruida por un conflicto civil desde mediados de los 70's. Durante una visita a esa ciudad, la Madre Teresa anunció que al día siguiente ella cruzaría las líneas de conflicto para llegar a un grupo de niños huérfanos y lisiados del otro lado. Algunas personas preocupadas le dijeron que no fuera porque podía ser herida por una bala.

Pero ella dijo "mañana habrá una tregua—la pelea parará". "¿Cómo sabe usted Madre Teresa?" le preguntaron. Y ella contestó "Las hermanas han orado. Mañana habrá un cese al fuego y una tregua. Las hermanas han orado para ésto" (Le Joly, *Mother Teresa*, p. 119).

Sucedió lo del cese al fuego y la Madre Teresa fue al otro lado y cuidó de los niños que necesitaban desesperadamente su protección —la protección de Dios.

La Madre Teresa tomaba ventaja de cualquier oportunidad para compartir una oración y para enseñar a orar. Después de haber ganado el Premio Nobel, ella vio al presidente de la India en una recepción pública en Delhi. Cuando él me conoció", recordaría más tarde la Madre Teresa, "él sacó de su bolsillo una tarjeta en la cual yo había escrito la oración, "Jesús brilla a través de mí", la cual, nosotras las hermanas de la caridad, oramos diariamente. Se la había dado previamente. El presidente sacó la tarjeta de su bolsillo y me dijo, "Yo rezo esta oración y me consuela en tiempos de estrés y problemas". "La Madre Teresa añadió, "Había cambiado la palabra Jesús por la de Señor, porque el presidente no es Cristiano" (Le Joly, *Mother Teresa of Calcutta*, p. 215).

Todos los visitantes oraron con la Madre Teresa. Para ella, orar con ellos fue la cúspide de la reunión.

Pausa: ¿Sientes la urgencia de orar en tu vida? ¿Te sientes más cómodo e inspirado cuando oras en privado o cuando oras con otros?

Palabras de la Madre Teresa

No es posible comprometerse en un apostolado sin ser un alma de oración....

Ama la oración, siente la necesidad de orar continuamente durante el día y haz el esfuerzo de orar. Si quieres orar mejor debes orar más. La oración ensancha el corazón hasta ser capaz de contener a Dios mismo como regalo. Pregunta y busca, y tu corazón crecerá lo suficiente para recibir a Dios y mantenerlo como propio....

Para que la oración sea fructífera debe venir del corazón y debe ser capaz de tocar el corazón de Dios. Mira como Jesús enseñó a sus discípulos a orar. Llama a Dios tu Padre, alaba y glorifica su nombre. Haz su voluntad y pide el pan de cada día, espiritual y temporal, pídele perdón por tus pecados y para que puedas perdonar a los demás y por la gracia para ser liberados del mal que hay en nosotros y en nuestro alrededor. (Madre Teresa, *Life in the Spirit*, p. 17-18)

Mi secreto es muy simple, me pongo en oración y a través de ella llego a ser una en el amor de Cristo; así, veo que orándole a él es amarlo y significa hacer su voluntad. (Madre Teresa, *Life in the Spirit*, p. 1).

Reflexión

La Madre Teresa vivió y sus hermanas viven su fe. Cuando la oración es dirigida para el bien de las almas, es respondida. Por eso es que la oración y no el trabajo, siempre estuvo primero en su vida.

La Madre Teresa compartió sus convicciones sobre la oración con todos. Inclusive la recomendaba a políticos y líderes mundiales.

Esta figura internacional estuvo muy "involucrada" en política. Ella abogó por la justicia y la compasión para todos, especialmente a los marginados. Habló con los más poderosos en favor de los más pobres de los pobres. Cuando alguna vez se le dijo que diera consejo a los políticos profesionales, los animó a dedicar más tiempo a la oración.

El cambiar sistemas y leyes directamente no le interesaba a la Madre Teresa; cambiar los corazones de la gente sí. Ella sabía que sistemas y leyes injustas serían cambiadas por gente con corazones renovados. Como el viejo adagio dice: El orar no cambia las cosas cambia a la gente y la gente cambia las cosas. Por eso su primera recomendación por la paz y la justicia fue el orar y por eso insistía tanto en orar. La oración es poderosa.

La Madre Teresa sabía como obtener las cosas que eran necesarias para su trabajo y también sabía como lograr que las cosas fueran hechas. Ella confiaba en nuestro Señor y contaba con el poder del Todo poderoso. Su estrategia fue la siguiente: oraba, y también le pedía a sus hermanas que oraran. Pero su idea de orar era mucho más que sólo decir palabras; para ella, el orar era una relación de amor.

Indudablemente el orar debe llevarnos a un encuentro más profundo con el Dios vivo. Aunque la gente es llevada por un activismo sin misericordia y puede que vean que este tiempo utilizado en orar como un desperdicio, los que aman a Dios lo valoran mucho. Para ellos cada minuto con El es un regalo divino. El orar es una relación de amor y nos lleva cada día más y más cerca a Dios.

Esta cercanía a Dios no solamente es posible, sino que es un deseo de Dios por nosotros. Dios nos ama como somos – con nuestro temperamento, con nuestras fuerzas y debilidades, nuestros sueños, nuestros fracasos, nuestro pasado, nuestras penas y alegrías. Dios quiere una relación plena con nosotros. Nosotros podemos abrazar esta relación con Dios cuando oramos. La oración debe ser nuestra más sincera y profunda expresión de amor por Dios y por los demás. Si es así encontraremos tiempo para orar porque disfrutaremos inmensamente nuestros minutos, horas y días con Dios, así como disfrutamos el tiempo con la gente que amamos.

El orar es relevante, no como un medio para cambiar una situación o al mundo, aunque también lo hace, sino que es una relación de amor con Dios y un interés por sus designios para nosotros en el mundo.

El orar es la presencia de Dios entre nosotros y nuestra convicción de estar en Su presencia. Es estar en comunión con Dios, en Dios y con otros aquí en la tierra. Le permite a Dios alcanzarnos en forma ordinaria. Para que podamos empezar en forma natural a "inhalar" las bendiciones de Dios, y "exhalar" las alabanzas y agradecimientos. El orar es pues "el respirar del Espíritu" y de nuestra verdadera vida. La madre Teresa fue un ejemplo vivo de ésto.

✦ Comenzar o aumentar el orar diariamente. Trata de incluir diferentes tipos de oraciones tales como alabanzas, adoraciones, peticiones, agradecimientos y meditaciones. Se específico cuando ores por alguien o por algo.

✦ El orar es nuestra comunicación con Dios. En una comunicación siempre hay un intercambio. Tú hablas y escuchas, como Dios lo hace. Cuando oras, ¿realmente te comunicas con Dios? ¿Le dices a Dios lo que estás pensando ? ¿Escuchas a Dios – solamente lo escuchas? ¿Estás atento a la comunicación con Dios en cada evento de tu vida?

✦ ¿Escucha Dios todas las oraciones? ¿Escucha tus oraciones? ¿Escucha Dios las oraciones de aquellos que no creen como tu crees?

✦ ¿En que momentos llamas a Dios? ¿Qué determina cuándo, dónde y con que frecuencia oras?

✦ ¿Cuál forma de orar es mas satisfactoria para tí? ¿Qué hace que esa sea mas satisfactoria?

✦ ¿Qué es orar para tí?

❖ San Pablo nos exhorta, "Orad sin cesar" (Tes 1, 5-17) y la Madre Teresa dijo, "el orar veinticuatro horas diarias para mi significa ser una con la voluntad de Dios para vivir para El, a través de El y con El (Madre Teresa, *Life in the Spirit*, p. 1). ¿Puedes transformar tu vida en una vida de oración? A eso se te llama como seguidor de Cristo.

Palabra de Dios

"Y recibiréis todo aquello que pidáis con fe, en la oración". (Mt 21,22)

Y cuando hagáis oración, no imitéis a esos hipócritas a quienes gusta hacer oración de pie en las sinagogas y en las esquinas de las calles, para que los vea la gente, Yo os aseguro que con eso ya reciben su premio. Pero cuando tú vayas a hacer oración, métete en tu cuarto; y luego que hayas cerrado la puerta, has oración a tu Padre que mira en lo secreto, te lo premiará.
Y cuando hagáis oración no estéis habla y habla como los paganos, los cuales se imaginan que a fuerza del mucho hablar serán escuchados. No los imitéis, pues, porque vuestro Padre, antes de que lo pidáis ya sabe lo que necesitáis. Vosotros haced oración así: Padre nuestro que estas en los cielos, santificado sea tu nombre: que tu reino venga; que se haga tu voluntad, tanto en la tierra como en el cielo. Danos hoy el pan suficiente para este día, y perdónanos nuestras deudas, así como nosotros perdonamos a nuestros deudores, y no nos pongas en tentación, antes líbranos del malo. (Mt 6, 5-13)

Oración final: Señor, enséñame a orar para que pueda estar mas cerca de Tí y mi vida se transforme en Tí. Tu eres mi alegría, mi esperanza, mi maestro, mi amigo, mi hermano, mi salvador, mi redentor, el deseo de mi corazón, mi guía mas confiable en este camino por la vida, mi misma vida. Te amo Señor.

✦ Meditación 3 ✦

Silencio

Tema: "El silencio nos da una nueva visión en todo" dijo la Madre Teresa. "Escuchen en silencio, porque si su corazón esta lleno de otras cosas, no podrán escuchar la voz de Dios" (Neff, p. 22).

Oración Inicial: En nuestra cultura de ruido, sonido, tráfico y ensordecimiento de voces abogando por diferentes valores y políticas, y en medio de un bombardeo de información de alta tecnología, permíteme mi querido Señor, poder discernir y reconocer tu voz. Enséñame a silenciar todo lo que no viene de ti. Enséñame a escuchar tu palabra. Enséñame a estar en silencio.

Acerca de la Madre Teresa

La Madre Teresa contó esta pequeña historia:

> Existe un sacerdote, santo y teólogo, muy importante, quien es el mejor de la India en este momento. Lo conozco muy bien y le dije " Padre, tú hablas de Dios todo el día. ¡Que cerca debes estar de Él! Tú hablas de Dios todo el tiempo". ¿Y saben qué me dijo? "Estaré hablando mucho acerca de Dios, pero hablo muy poco con Dios " y luego me explicó, "Podré estar diciendo mucho y diciendo muchas cosas buenas, pero dentro de mi corazón no he tenido el tiempo para escucharlo. Porque en el silencio del corazón, Dios habla" (Neff, p. 21).

De acuerdo a la Madre Teresa, "Dios es amigo del silencio" (Madre Teresa, *Life in the Spirit*, p.19) y lo más importante en nuestra vida es, nó lo que le decimos a Dios, sino lo que Dios nos dice a nosotros. Por lo que debemos estar en silencio para escucharlo.

Pausa: Prepárate una taza de café y saboréalo lentamente en completo silencio.

Palabras de la Madre Teresa

Para hacer posible un verdadero silencio interior, tenemos que practicar:

—*Silencio de los ojos*, siempre buscando la belleza y la generosidad de Dios donde quiera que estés, cerrándolos a las fallas de los demás y a todo lo que es pecado y que perturbe el alma;
—*Silencio de los oídos*, escuchando siempre la voz de Dios y el lamento de los pobres y necesitados, cerrándolos a todas las voces que vengan del mal o de la naturaleza caida del ser humano, por ejemplo: chismes, falsedades, palabras faltas de caridad, etc.;
—*Silencio de la lengua*, alabando a Dios y hablando la Palabra de Dios, dadora de vida, que es la Verdad que ilumina e inspira, trae paz, esperanza, alegría y frena nuestra agresividad y toda palabra que ocasione oscuridad, confusión, dolor y muerte ;
—*Silencio de la mente*, abriéndola a la verdad y al conocimiento de Dios en la oración y contemplación, como María quien ponderó las maravillas del Señor en su corazón y cerrándola a todas las falsedades y mentiras, distracciones, pensamientos destructivos, juicios apresurados, sospechas falsas sobre otros, pensamientos de venganza y deseos lujuriosos e impuros;
—*Silencio del corazón*, amando a Dios con todo nuestro corazón, alma, mente y fuerza ; a unos y a otros como Dios nos ama. Amando solamente a Dios, evitando egoísmo, odio, envidia, celos y avaricia

(Neff, p. 24-25)

Reflexión

La Madre Teresa admitió, "El hombre necesita el silencio". Explicando este principio espiritual, añadió:

Una vez se me preguntó qué es lo que consideraba más importante al formar a las hermanas y conteste lo siguiente:

Silencio. Silencio interior y exterior. El silencio es esencial en una casa religiosa. El silencio de humildad, de caridad, el silencio de los ojos, oídos y lengua. No existe una vida de oración sin el silencio.

El silencio y después la bondad, la caridad; el silencio conlleva a la caridad y la caridad a la humildad. (Madre Teresa, *My Life*, p. 108)

El horario de las Misioneras de la Caridad, dedica gran parte de cada día y de cada semana al silencio. A las cuatro y media de la mañana, las hermanas empiezan con oración y meditación, Misa y Comunión. A las 2 PM, tienen lectura espiritual. A las 6:30 PM, el tiempo está reservado para la adoración al Santísimo Sacramento. A las 9 PM las hermanas de la comunidad rezan las oraciones de la noche y preparan la meditación para la mañana siguiente. Y un día a la semana efectúan la colecta.

"No hay vida de oración sin silencio". La Madre Teresa fue capaz de silenciar cualquier interrupción interior o exterior y permitirle a Dios ser Dios en Ella y a través de Ella a los demás. Ella creyó que era instrumento de Dios—"un lápiz" en las manos de Dios (González-Balado, p. 23). Y buscó la voluntad de Dios en el silencio de la oración.

Para ayudar a fomentar el silencio exterior, debemos, dijo la Madre Teresa, practicar estas cosas:
—respetar ciertos tiempos y lugares del silencio más estricto;
—moverse y trabajar en oración callada y gentilmente;
—evitar a toda costa palabras y críticas innecesarias;
—hablar cuando se tiene que hablar, haciéndolo suave y gentilmente, diciendo sólo lo necesario;
—buscar el silencio profundo como un santo y precioso tiempo, un retiro hacia el silencio vivo de Dios.

(Neff, p. 25)

El silencio interior es mucho más difícil de adquirir que el silencio exterior. Pero tenemos que hacer un gran esfuerzo por encontrarlo. En el silencio de la mente estaremos abiertos a la verdad y al conocimiento de Dios, y en el silencio del corazón Dios nos habla y nosotros lo escuchamos.

La Madre Teresa creía que:

> Si realmente queremos orar, primero tenemos que aprender a escuchar, porque en el silencio del corazón es donde Dios nos habla. Y para poder escuchar ese silencio, y poder escuchar a Dios necesitamos un corazón limpio; porque un corazón limpio puede ver a Dios, escuchar a Dios, oír a Dios; y entonces desde la totalidad de nuestro corazón podremos hablar con Dios. Pero no podremos hablarle a menos que antes lo hayamos escuchado, a menos que a hayamos hecho esa conexión con Dios en el silencio de nuestro corazón. (Egan, *Such a Vision*, p. 427)

Únicamente cuando aprendamos a escuchar, entenderemos que "lo más esencial no es lo que decimos, sino lo que Dios nos dice y El dice a través de nosotros" (Neff, p. 22).

Aunque la vida Cristiana es ciertamente palabras y acciones, y tenemos todos los argumentos para insistir en ello, también debemos saber escuchar y siendo uno mismo. En el silencio el Espíritu Santo sin gritos ni alborotos es cuando trabaja en el interior de nuestro ser. Dios nos habla en el silencio.

Dios está presente en la inmensidad de todos los silencios. El silencio puede ser el mensaje más elocuente.

Eso es lo que hace único al silencio en nuestra vida, especialmente cuando no es sólo el silencio de nuestra lengua, sino también el silencio de nuestra imaginación incontrolada, deseos desordenados, miedos paralizantes y otras agitaciones perturbadoras y barreras que se anteponen entre Dios y nosotros. En el silencio podemos percibir el mensaje de Dios y no el de nosotros.

El silencio real le permite a Dios hablar a través de nosotros sin interferencia de nosotros mismos o de fuerzas externas. El silencio real es una manifestación por estar enamorados de Dios Nuestro Señor reflejado en todos sus rostros. El silencio real le permite a Dios ser el todo en el todo. La Madre Teresa vivía un silencio elocuente.

✧ ¿Sientes la necesidad de tener prendida la radio o la televisión todo el tiempo? ¿Te asusta el silencio? ¿Te molesta el ruido o cualquier tipo de ruido, o mas bien te tranquiliza? Trata de tener dos minutos de silencio completo, después comparte cómo te sientes.

✧ ¿A veces proyectas una personalidad muy activa, y habladora para otros? ¿Si es así, es ese tu verdadero Yo? ¿Quién eres tú realmente en tú interior, en los espacios de silencio de tu ser?

✧ ¿Alguna vez sientes la necesidad de huir del ruido, de la tensión de la vida moderna para poder relajarte y encontrar un sentido de la unidad, reconciliación e integración interna? Considera ir a un retiro de silencio.

✧ Cuando vivimos fuera de nosotros, estamos divididos y somos atraídos hacia diferentes direcciones. El silencio nos ayuda a dirigir nuestras energías disipadas y a concentrarnos en el propósito de nuestra vida. ¿Alguna vez has contemplado el definir tu propia misión en la vida, tus prioridades y tus propósitos?

✧ Utiliza el extracto en "Palabras de la Madre Teresa", como una meditación guiada, haz pausa después de cada punto en la lista y pondera el significado para ti.

✧ La Madre Teresa dijo: "vean como la naturaleza, los árboles, y el pasto crecen en perfecto silencio. Vean como las estrellas, la luna y sol se mueven en silencio" (Neff, p. 26). Vayan afuera y participen de su silencio. Consideren como pueden glorificar a Dios solamente siendo lo que realmente son.

✧ Evita el ruido de tu alrededor por sólo unos cuantos minutos. Permanece en silencio. Cierra tus ojos suavemente. Inhala profundamente e invita a Dios a tu interior. Escucha, sólo escucha. Después de un momento o más comparte tu experiencia. ¿Escuchaste el mensaje de Dios para ti?

Palabra de Dios

Deténganse a mirar que soy el Dios Altísimo. (Sal 46,11)

Inmediatamente después urgió a sus discípulos a que se embarcaran y se fueran por delante de Él al otro lado del lago, mientras que despedía a las muchedumbres. Luego que las despidió, se subió solo al cerro a hacer oración. Cuando llegó el crepúsculo, estaba Él ahí solo. (Mt 14,22-23)

Luego se retiró de ellos a la distancia como un tiro de piedra, y poniéndose de rodillas, oraba. (Lc 22,41)

El se retiraba a un lugar apartado para orar. (Lc 5,16)

Oración final: Dios mío, mis oídos, mente y corazón están llenos de tantos ruidos, tantos espejismos y tantas ataduras, que apenas puedo escucharte, ver tu luz y seguir tu camino. Señor, concédeme el pan de cada día y el silencio de cada día. Amén.

✧ Meditación 4 ✧

El Amor como el Centro de tu Vida

Tema: "Hemos sido creados para amar y para ser amados" (Madre Teresa, *Jesus*, p. 57), dijo la Madre Teresa. El amor debe ser el centro de tu vida. La vida es para amar.

Oración inicial: Dios mío, ayúdanos a amarnos los unos a los otros como tu nos has amado. Inspíranos para tener compasión los unos por los otros y darnos libremente a los demás entregándoles nuestro amor. Amén.

Acerca de la Madre Teresa

Para ilustrar como trabaja el amor de Dios, a la Madre Teresa le gusta contar la siguiente historia:

> Un hombre llegó hasta nuestra casa y dijo, "¡mi único hijo se esta muriendo! El doctor le ha prescrito un medicamento que sólo se consigue en Inglaterra". (Ahora tengo permiso de nuestro Gobierno para almacenar medicamentos que salvan vidas, que han sido recolectados en todo el país. Tenemos a mucha gente que van de casa en casa y recogen los medicamentos sobrantes. Nos los traen y los repartimos entre la gente pobre que los necesita. Tenemos miles de personas que vienen a nuestros dispensarios). Mientras estábamos hablando un hombre vino con una canasta llena de medicamentos.

Miré la canasta, y justo encima estaba el medicamento que ese hombre necesitaba para su hijo que se estaba muriendo! Si el medicamento hubiese estado debajo de los demás no lo hubiese visto.

Si hubiese venido más temprano o más tarde, no me hubiese acordado. El hombre vino justo en el momento preciso.

Me pare enfrente de la canasta y me quedé pensando, "Hay millones de niños en el mundo y Dios se ha preocupado por este pequeñito de los barrios pobres de Calcuta. Para mandar a ese hombre en el momento preciso. ¡Poner el medicamento exactamente encima para que lo pudiese ver!

¡Mira con que ternura Dios se preocupa por ti y por mí! Él hubiese hecho lo mismo por cada uno de ustedes. (Neff, p. 258)

La Madre Teresa demostró su propio amor por los pobres, cuando el Papa Pablo VI tomo parte en el Trigésimo Octavo Congreso Eucarístico Internacional en 1964, en Bombay. Durante esa visita el Papa utilizó un Lincoln blanco que le obsequió un grupo de católicos de Estados Unidos. Antes de abordar el avión de regreso a Roma, el Papa anunció que le dejaría el carro a la Madre Teresa para utilizarlo en su misión de amor. La Madre Teresa estaba conmovida por el gesto generoso del Papa y se lo agradeció enormemente pero nunca puso un pie en ese carro, sino que lo rifó y con las ganancias construyó un centro de rehabilitación para leprosos.

Pausa: Piensa en alguna vez que hayas podido ayudar a alguien en problemas, sólo por amor.

Palabras de la Madre Teresa

Puedes estar exhausto de trabajar, inclusive morir haciéndolo, pero a menos que trabajes intercalándolo con amor será inútil. (Madre Teresa, *Jesus*, p. 20)

El amor es una fruta que esta en temporada todo el tiempo. (Madre Teresa, *Heart of Joy*, p. 68)

No persigas hazañas espectaculares. Lo que más importa es el regalo de ti mismo, el grado de amor que le pongas a cada acción que realices. (Madre Teresa, *Heart of Joy*, p. 61)

No podemos hacer grandes cosas—solamente cosas pequeñas con gran amor. (Madre Teresa, *Life in the Spirit*, p. 45)

Donde esta Dios hay amor. (Madre Teresa, *My Life*, p. 75)

Si oramos
    creeremos
Si creemos
    amaremos
Si amamos
    serviremos.
Solamente entonces podremos poner
    nuestro amor por Dios
    en una acción viva
A través del servicio a Cristo
    en el harapiento
    disfraz del Pobre.

(Madre Teresa, *Life in the Spirit*, p. 1)

Es fácil amar a aquellos que viven lejos. Pero no siempre es fácil amar a aquellos que viven a nuestro lado. Es más fácil ofrecer un plato de arroz para calmar el hambre de una persona necesitada que confortar la soledad y la angustia a alguien que se encuentre sin amor en nuestra propia casa. (Madre Teresa, *Heart of Joy*, p. 120)

Reflexión

Antes de que su nombre estuviera en los labios de millones y millones de personas alrededor del mundo, la Madre Teresa estuvo calladamente viviendo su historia de amor con Jesucristo, quien estaba "en el penoso disfraz", de los abandonados, los negligentes, los desposeídos y los moribundos—todos aquellos que llegaron a familiarizarse con su gentil voz y su cálida dedicación. En cada conferencia que realizó y en cada acción que ejecutó, siempre mencionó su relación con nuestro Dios amoroso.

La Madre Teresa aceptó ayuda material para los pobres, pero nunca la pidió. En vez de la ayuda material, ella insistió en que los necesitados, especialmente aquellos que son niños, requieren amor, afecto y compañía antes que pan, leche, vitaminas y juguetes. Ella necesitó gente diera el regalo más precioso de todos—ellos mismos—y hacerlo por amor y con amor. Cuando fue invitada para dirigir el Consejo Nacional de la Mujer Católica de los Estados Unidos sorprendió a todos diciendo:

> No vengo a pedirles nada. Nunca lo he hecho desde que comencé este trabajo. Cuando me encuentro con un grupo de gente... como lo estoy ahora con ustedes, simplemente les digo: "he venido a ofrecerles la oportunidad de hacer algo maravilloso por Dios". Y la gente da evidencia de querer hacer algo maravilloso por Dios. Y dan un paso al frente. (González-Balado, p. 9).

Inspiró a la gente, despertó sus mentes y motivó un amor compasivo en sus corazones.

La Madre Teresa nunca estuvo convencida de la idea popular de que mientras más grande era la donación era cuando mas valía. Para ella, el valor de dar estaba determinado por la intensidad de amor no por el tamaño del regalo. Estaba profundamente agradecida cuando un pordiosero le quiso dar todo lo que recolecto en un día. Su regalo era indudablemente muy pequeño, pero para sus ojos lo fue todo. El gesto del pordiosero la tocó más profundamente que el premio Nobel que recibió. Como la viuda en los evangelios que ofreció todo lo que tenía para vivir, "solo dos monedas de cobre" (Lc 21,2); este pordiosero fue considerado más generoso que los ricos que ofrecieron lo que les sobraba.

La Madre Teresa siempre recomendó: "da hasta que te duela porque el amor real duele. Por esta razón debes dar hasta que te duela (Madre Teresa, *One Heart*, p. 8). Amar hasta que duela, es la llave de la relación paradójica que se establece entre aquellos que tienen y aquellos que no tienen. Y es una estrategia efectiva para ambos, pobres y ricos. El amor nunca se equivoca. El amor es para vivir. El amor es el elemento más importante para sanar a otros y a nosotros mismos.

❖ La Madre Teresa dijo: "Debemos amarnos los unos a los otros como Dios nos ha amado, quien nos dio a su único hijo. Debemos amar sin límite alguno como lo hizo Jesús, quien murió por amor a nosotros" (Le Joly, *Mother Teresa*, p. 80). ¿Por qué crees que el amor es tan importante? ¿Será acaso que el Cristianismo está a punto de alcanzar su plenitud, entrando profundamente en la vida de otros?

❖ ¿Qué te inspira a amar a otros? ¿Cuál ha sido tu experiencia de sentirte amado? ¿Puedes ver a Jesucristo como tu guía, modelo y amigo? ¿Cuál es la recomendación de la Biblia y los santos al respecto? ¿Cuál es el ejemplo de una persona que brinda su amor? Describe en tu diario una experiencia de amor.

❖ ¿Qué piensas que es el verdadero amor—una emoción? ¿Una preocupación? ¿Una atención? ¿Un entendimiento? ¿O qué?

❖ Lee 1 Corintios 13,1-13. ¿Te ayuda San Pablo a entender el amor?

❖ ¿Conoces a Dios? Si es así, ¿tu conocimiento de Dios viene de tus padres, la Iglesia, la Biblia, libros o qué? ¿Has conocido a Dios a través de experimentar su amor?

❖ Comparte algunos compromisos a los cuales has sido fiel. Describe algunas de tus acciones que llevan el amor de Dios a otros.

❖ ¿Qué aprecias más: un regalo o el amor que hay detrás de él?

❖ En tres líneas escribe una oración de gratitud por el regalo del amor.

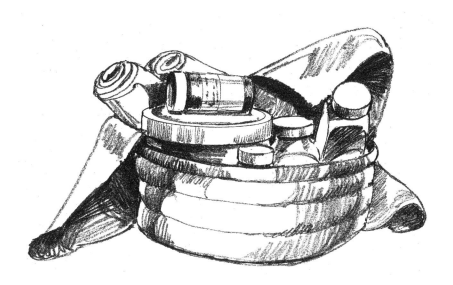

Palabra de Dios

Él corta todo sarmiento que no dé fruto en mí, mientras que limpia todo aquél que sí da fruto para que dé todavía más. (Jn 15,2)

Nosotros hemos conocido el amor que Dios nos tiene, y hemos creído en Él. (1Jn 4,16)

Si alguno dice: "Yo amo a Dios", pero odia a su hermano, es un embustero. Pues el que no ama a su hermano, a quien ve, menos puede amar a Dios, a quien no ve. (1Jn 4,20)

Oración final: Amado Señor, quiero que tu amor sea el centro de mi vida. Por favor ayúdame a vivir mi vida plenamente en tu amor y vivir tu amor tan plenamente como pueda ahora y siempre. Porque entiendo que la única pregunta que me harás el día que me llames será, "¿cuánto has amado?".

✧ Meditación 5 ✧

Atendiendo el llamado

Tema: Nuestro llamado interno nos hace vivir plenamente, renueva la alegría en nuestro corazón, nos motiva, nos libera y da sentido a nuestra vida.

Oración inicial: Dios mío abre mi mente y mi corazón para escuchar tu voz, discernir tu plan para mi vida y seguir tu llamado a donde quiera que me pueda llevar.

Acerca de la Madre Teresa

A temprana edad, la Madre Teresa estaba convencida de que Dios la llamó para ser monja. Ella estuvo muy contenta por eso, especialmente cuando su madre, que se opuso al principio, le dijo: "muy bien hija mía, vete pero ten cuidado de seguir solamente a Dios y a Cristo" "No solamente a Dios", dijo la Madre Teresa, "sino también a mi madre, quien me hubiera reprochado si no hubiera seguido mi vocación con fidelidad. Algún día ella podría preguntarme: "hija mía, ¿has vivido solamente para Dios?" (Madre Teresa, *My Life*, p. 1). Pero para estar segura de que ella iba por el camino correcto, la Madre Teresa pidió ayuda a su confesor: "¿cómo puedo saber si Dios me está llamando y para qué me llama?" Y este le respondió: "sabrás por tu alegría, si tú estas feliz con la idea de que Dios te ha llamado para servirle a Él y a los que te rodean, ésta será la prueba de tu vocación. La profunda alegría de tu corazón es como un imán que indica el camino de la vida. Uno lo tiene que seguir, aunque éntre uno en un camino de dificultades" (p. 2).

La Madre Teresa se convirtió en la monja más feliz. Pero esto no fue suficiente para ella:

Fue un 10 de septiembre de 1946, en el tren que me llevaba a Darjeeling, en la estación de los Himalayas, donde escuché el llamado de Dios.

En el íntimo silencio de mi oración con el Señor, escuche muy claramente un llamado dentro del llamado.

El mensaje era bastante claro: tenía que dejar el convento y ayudar a los pobres viviendo con ellos. Fue una orden. Sabía qué debía hacer, pero no sabía como llegar allí.

Sentí intensamente que Jesús me quería para servirle entre los más pobres de los pobres, los desamparados y los habitantes de los barrios necesitados, los abandonados y los que viven en la calle. Jesús me invitó a servirle y a seguirlo en la pobreza, para practicar la clase de vida que me hiciera similar a los necesitados, en quienes Él se encuentra presente, amoroso y sufriente. (p. 8)

Este llamado trascendental sucedió en un simple, ordinario y lento medio de transporte, a través de una experiencia mística que hizo de este un evento Sagrado.

Después debió esperar. Tuvo que cumplir con una rigurosa legislación Eclesiástica, solicitando al Papa una autorización especial para dejar a Las Hermanas de Loreto. Aunque su llamado la apasionó, debió esperar, porque un corazón apasionado nunca se da por vencido. Le tomó dos años para que le llegara el muy esperado permiso. Finalmente, el 16 de Agosto de 1948, ella fue autorizada para emprender su nuevo llamado, dentro de su primer llamado a ser monja. Ese día marcó el comienzo de un nuevo capítulo que cambiaría su vida y la historia del Cristianismo y del mundo entero.

Pausa: ¿Alguna vez has examinado tu propio llamado? ¿Estas haciendo ahora lo que tienes que hacer? ¿ Eres ahora lo que debes ser?

Palabras de la Madre Teresa

Si las personas sienten que Dios las llama a cambiar la estructura de la sociedad, es algo entre ellas y Dios. Debemos servirle para aquello a lo que El nos llame.

Yo he sido llamada para ayudar al prójimo, para amar a cada persona pobre, y no para actuar dentro de las instituciones. No estoy en posición de juzgar a nadie. (Madre Teresa, *My Life*, p. 103)

En Loreto fui la monja más feliz del mundo. Dejar el trabajo que allí realicé, fue un sacrificio muy grande. Lo que no tuve que dejar de ser fue ser una hermana religiosa.

Las hermanas de Loreto están dedicadas a la enseñanza, lo cual es un apostolado especial para Cristo. Entre esas vocaciones religiosas, la mía era muy específica por ser con los más pobres de los pobres. Fue una llamada dentro de mi vocación religiosa – como una segunda vocación. La orden fue renunciar a Loreto, donde yo era feliz, y servir a los pobres de las calles. (Madre Teresa, *Heart of Joy*, p. 39)

Reflexión

Cada uno somos únicos y diferentes, y cada uno tenemos un rol especial para cumplir en este mundo. Cada uno debemos ser nosotros mismos. Dios nos ha llamado a ti y a mi para ser lo que somos. La Madre Teresa, como nosotros, fue única.

Nuestro llamado es la fuerza directriz que nos hace libres, nos permite ser conscientes de lo que realmente importa, dirige nuestra atención y amor, nos cautiva hacia algo o una causa, por Alguien mucho más grande que nosotros mismos. Al contestar nuestro llamado, nos olvidamos de nosotros mismos para reencontrarnos en el misterio de la vida. Es esencial que nos conozcamos a nosotros mismos y que seamos fieles a nuestro propio llamado.Nosotros contribuiremos con el mundo en la medida en que cumplamos con nuestro llamado especial. La Madre Teresa conocía su llamado especial y lo siguió. Esto hizo la gran diferencia en el mundo.

Debido a que nuestra llamada individual es algo especial, no existe una llamada típica que sirva como modelo, ni tampoco reglas estrictas para todas las llamadas. La llamada puede venir en un tren, como ocurrió con la segunda llamada de la Madre Teresa o puede venir en un momento de oración, en un acto de bondad, leyendo un libro, o en nuestros sueños; también puede ser descubierta en un período de tiempo muy largo, a través de un proceso que requiera de opciones paso a paso y con la ayuda y experiencia de otros.

Nuestro llamado puede extenderse a través del tiempo e incluir nuevas formas de servicio que se abran ante nosotros conforme crezcamos y cambiemos. Podemos recibir un nuevo llamado dentro de nuestro primer llamado, como fue el caso de la Madre Teresa; o podemos recibir un nuevo llamado que nos guíe por un camino diferente de amor e inspiración.

Finalmente, la base de nuestro llamado es un profundo deseo de servir a Dios. Nuestra llamada personal tomara una forma tangible – tal como sacerdocio, vida religiosa, matrimonio, trabajo misionero o servicio para otros – la cual determinará quienes vamos a ser.

No importa cual sea nuestro llamado ni como venga, debemos serle fiel en nuestra vida diaria.

Nuestra llamada es fuente de profundo gozo en la vida porque es nuestra verdad y la verdad nos hace libres.

Dios nos llama a ser lo que somos. Quienes somos es nuestro compromiso y contribución a la vida, y nuestro camino particular hacia Dios. También es la forma que le permite a Dios trabajar en nosotros y a través de nosotros. Dios llamó a la Madre Teresa para que trabajara con los más pobres de los pobres.

✧ Escoge un lugar a solas. Guarda silencio. Respira profundamente. Ponte en la presencia de Dios con el deseo de seguir su voluntad. Dile a Dios, "Habla, que tu siervo escucha" (1 Sam 3,10). Describe lo que experimentes dentro de ti durante este tiempo.

✧ ¿Qué te hace sentir mas vivo, entusiasta y anhelante? ¿Qué te hace sentir aburrido, deprimido y desmotivado, imposibilitado para actuar?

✧ ¿Qué te gusta de ti mismo? ¿Qué no te gusta de ti mismo?

✧ Menciona algunas de las alternativas con las que te estás enfrentando. Considera una por una. ¿Te sientes con animo o falto de interés cuando piensas en escoger alguna de las opciones?

✦ Piensa sobre la opción que estas escogiendo en este momento. ¿Piensas que ella te hará crecer? Escribe una carta a Jesús en la que explores los caminos a seguir y como estos te ayudan a crecer.

✦ ¿Cuál es tu meta más importante en este momento de tu vida? ¿En qué te enfocas principalmente? ¿Tuviste alguna revelación al respecto?

✦ Enumera algunas de las cosas que te impiden alcanzar tu silencio y libertad interior.

✦ Responde a esta pregunta: ¿Quién soy yo?

✦ Repite varias veces, "Dios mío, te estoy escuchando".

Palabra de Dios

Para que el Dios de nuestro Señor Jesucristo, el Padre de la gloria os dé espíritu de sabiduría y de revelación para que lo conozcáis. Le pido que los ojos de vuestro corazón sean iluminados para que entendáis cuál es la esperanza de vuestro llamamiento, cuánta es la grandeza de su gloriosa herencia entre los santos. (Ef 1,17-18)

No sois vosotros los que me habéis escogido: soy Yo quien os he escogido y nombrado para que vayáis y produzcáis fruto, y ese fruto perdure para que el Padre os conceda cualquier cosa que en mi nombre le pidiereis. (Jn 15,16)

Porque Dios no se arrepiente de sus dones, ni de su llamamiento. (Rm 11,29)

El que se enaltece será humillado, y el que se humille será exaltado. (Mt 23,12)

Hermanos míos, mirad vuestro llamamiento: mirad como no hay entre vosotros muchos sabios según el mundo, no hay muchos poderosos, no hay muchos de familias nobles. Ha escogido Dios a los locos según el mundo, para confundir a los sabios; ha escogido a los débiles en el mundo, para confundir a los fuertes; ha escogido a los obscuros y despreciados en el mundo, a los que no son nada, para aniquilar a los importantes, para que ninguna carne pueda jactarse ante Dios. (1Cor 1,26-29)

Oración final: Dios mío: no siempre estoy seguro de mi llamado especial. Pero en cada momento de mi vida y en todo lo que hago, haz que tu voluntad sea mi voluntad y mi corazón tu corazón.

✧ Meditación 6 ✧

Una Vida para el Pobre

Tema: Dios se ha identificado con aquellos que están hambrientos, sedientos, extraños, desnudos, enfermos, desamparados, presos y pobres.

Oración inicial: Señor abre mis ojos y mi corazón a aquellos que son pobres. Déjame verte en aquellos que tienen hambre, están solos, heridos y con temor. Muéstrame como ayudarlos y servirlos en tu nombre.

Acerca de la Madre Teresa

Los pobres para la Madre Teresa son todos aquellos de cuerpo, mente, corazón y alma quebrantados. Ella dijo: "pueden estar lejos o cerca, ser pobres espirituales o materiales, hambrientos de amor y amistad, ignorantes de las riquezas del amor de Dios para ellos, desamparados que necesitan un hogar lleno de amor en su corazón" (Madre Teresa, *Life in the Spirit*, p. 15).

Dios no es una abstracción o sistema o un concepto – ni siquiera el más perfecto. Dios es una realidad tangible, trabajando dentro y a través de los pobres y de aquellos que los sirven, explicó la Madre Teresa:

El otro día una de nuestras hermanas estaba limpiando las heridas de un leproso. Un sacerdote musulmán estaba de pie a un lado y dijo: "¡Todos estos años he creído que Jesucristo fue profeta! ¡pero hoy en día creo que Jesucristo es Dios, porque solo Él es capaz de dar tal alegría a estas hermanas, permitiéndoles hacer su trabajo con tanto amor!" (Madre Teresa, *My Life*, p. 60).

Los pobres, para la Madre Teresa, son especiales. Son tan vulnerables como nosotros. Se transforman con nuestra atención, cuidado y amor, y ellos nos transforman en el mismo proceso. La Madre Teresa también explicó esto:

> Jamás olvidaré algo que sucedió cuando estaba en Loreto: una de las niñas era muy, pero muy, grosera. La niña tenía solamente seis o siete años. Un día cuando fue extremadamente grosera la tome de la mano y le dije, "Ven vamos a dar un paseo". La niña tenía un poco de dinero, en una mano sostenía la mía y en la otra, fuertemente, el dinero. "Compraré esto, compraré lo otro", siguió diciendo. De repente vio a un pordiosero ciego y en un instante le dio su dinero. Desde ese día fue una niña completamente diferente. Siempre había sido muy pequeña y grosera y ésta única decisión cambio su vida. Es lo mismo que te pasa a ti. Deshacete de todo lo que te ata, si quieres ser todo para Jesús; la decisión tiene que venir de ti. (Neff, pp. 216-216)

Pausa: ¿Qué te detiene para ayudar a cualquiera que te necesite?

Palabras de la Madre Teresa

Debemos entender a los pobres. No solamente existe la pobreza material sino también la pobreza espiritual que es mucho más difícil y profunda, anclada hasta en los corazones de hombres acaudalados. La riqueza no es solamente las propiedades y el dinero, sino nuestro apego a las cosas y al abuso de ellas.

Cuando las cosas se convierten en nuestros dueños, somos muy pobres. Y también mientras exista gente rica que se exceda y no utilice las cosas de acuerdo a la voluntad de Dios, existirá la pobreza en el mundo. (Madre Teresa, *Heart of Joy*, p. 123)

Los pobres son grandiosos. Tenemos que amarlos pero no con amor de lástima. Tenemos que amarlos por que Jesús es el que se esconde debajo de la imagen de un pobre. Son nuestros hermanos y hermanas y nos pertenecen. Los leprosos, los moribundos, los hambrientos, los desnudos – todos ellos son Jesús. (Madre Teresa *Heart of Joy*, p. 6)

¿Conoces a tu gente pobre? ¿Conoces a los pobres de tu casa y de tu familia? Posiblemente no estén hambrientos por un pedazo de pan. Posiblemente nuestros hijos, nuestro marido, nuestra esposa, no estén hambrientos o desnudos, o desposeídos pero,¿ estas seguro de que no hay nadie que se sienta no querido, o privado de afecto? ¿Dónde están tus ancianos? (Neff, p. 220)

Reflexión

Ver a la "Madre Teresa" y a los "pobres" en la misma oración no nos sorprende. De hecho, esperamos encontrar a la Madre Teresa asociada con los pobres.

La Madre Teresa dedicó su vida a los pobres. "He aceptado la responsabilidad de representar a los pobres del mundo" (Madre Teresa, *My Life*, p. 102). Trabajó en contacto directo con ellos y mostró una ilimitada bondad hacia ellos. Eran individuos reales en los cuales ella veía, tocaba y servía a Jesucristo mismo.

La pobreza para la Madre Teresa no era un concepto intelectual, sino una experiencia de vida. La Madre Teresa dijo: "conocer el problema de la pobreza, intelectualmente, no es entenderla. No es por medio de la lectura, ni caminando por los barrios pobres, ni admirando ni quejándose de lo que hemos podido entender, para descubrir que tiene de bueno y de malo. Nosotros tenemos que sumergirnos en ella, vivirla y compartirla (Madre Teresa, *Life in the Spirit*, pp. 55-56).

Para ella, los pobres fueron gente real. Ellos fueron los hambrientos, los sedientos, los desamparados, los enfermos, los inválidos, los presos, los ansiosos de compañía, los desconsolados, los de mal temperamento, los vagabundos, los forasteros, los material y espiritualmente despojados.

La Madre Teresa se sintió privilegiada por servirles, porque vio a Jesucristo en cada uno de ellos. Ella hizo lo que hizo, no por condescender o por una sensación de lastima sino por un sincero, positivo y vibrante amor por ellos—"los pobres son gente grandiosa y cariñosa" (Madre Teresa, *Heart of Joy*, p. 106), dijo ella.

Un día, La Madre Teresa escuchó acerca de una mujer y sus hijos que eran tan pobres que habían pasado unos días sin comer nada. La Madre Teresa les llevó algo de arroz. Inmediatamente la mujer tomó la mitad y guardó la otra. Después de un corto tiempo, ella regresó. La Madre Teresa se sorprendió y le preguntó a dónde había ido y que había hecho con el arroz. La mujer le contestó que su vecina y sus hijos tenían el mismo tiempo sin comer y que ella decidió compartir el arroz con ellos. "Los pobres son gente maravillosa" (p. 125), comento la Madre Teresa.

La Madre Teresa amó tanto a los pobres que fue criticada por malcriarlos, por darles lo que necesitaban en el momento, sin hacer algo para mejorar su condición. Su respuesta fue que ella prefería actuar sobre la persona individualmente mas que con el total de ellos y mucho menos le gustaba entenderse con los sistemas y sus conceptos. La Madre Teresa quería alcanzar el nivel más profundo que es el corazón humano. Creía que cuando se cambia el corazón, los cambios a los sistemas y las situaciones políticas surgen en forma natural.

En su trabajo con los pobres, lo que hizo que a la Madre Teresa y a sus hermanas les creyeran, confiaran en ellas y fueran efectivas fue el que ellas escogieron ser pobres como ellos mismos. Cuidaron a los pobres por igual, como amigos y como gente de la misma condición, justo como Jesús lo dijo. La Madre Teresa manifestó: "Nosotras y nuestros pobres dependeremos enteramente de la Divina Providencia, para nuestras necesidades materiales y espirituales (Neff, p. 214).

Porque "existe no solamente la pobreza material sino también la pobreza espiritual, la cual es dura y profunda" (Madre Teresa, *Heart of Joy*, p. 123), la Madre Teresa y sus hermanas ofrecieron más que comida y refugio, medicinas y compañía. Ellas ofrecieron al mismo tiempo el Reino de Dios, donde era recobrado el significado de la vida, donde la dignidad humana era reconocida y donde la alegría interna unida a Dios era un tesoro.

La pobreza no es necesariamente una virtud cuando significa sólo la falta de medios para satisfacer las necesidades más básicas de la vida humana o la injusticia causada por el enriquecimiento de otros o la victimizacion ya establecida sobre aquellos que son débiles. La pobreza tampoco es una virtud cuando significa falta de salud, educación o relación.

La pobreza es una virtud—una linda y deseable virtud—cuando se convierte en una forma de vivir evangélicamente. Eso implica un espíritu de total disponibilidad y confianza en Dios. Lo cual significa, recibir todo de Dios, y ponerlo todo al servicio de las necesidades de los demás, de acuerdo a la voluntad de Dios. En este sentido, la pobreza encabeza las políticas en el Reino de Dios—el principal proyecto de la vida Cristiana. Entonces los pobres se convierten en sinónimo de sencillos, desprendidos de las cosas materiales, los que están listos para dar y recibir, a los que les podemos tener confianza, a los que nos dan amor, y nos cuidan. Esto quiere decir que la pobreza se convierte en lo opuesto de la arrogancia, egoísmo, egocentrismo, narcisismo y fariseísmo (hipocresía) tan criticado por Jesús en los Evangelios.

Escoger ser pobre, en este sentido virtuoso, es revolucionario. Porque cuando uno lo hace, entonces uno tiene el valor de enfrentar otra cultura, en la que domina el más fuerte, el más inteligente, el más poderoso, el más egoísta y el más agresivo. Y haciendo una conversión radical del corazón, uno reta todos los sistemas, ideologías, patrones de consumo, lo superfluo de las posesiones y formas de vida que no ponen a Dios en primer lugar. Jesús vivió esta forma radical de vida y sus seguidores trataron de hacer lo mismo.

Lo fundamental de todas las virtudes, incluyendo la pobreza, no es solamente siendo justo políticamente y técnicamente correcto. Lo fundamental es el amor. La pobreza puede o no guiarnos al amor. Pero el amor verdadero siempre lleva a la pobreza. Por eso cuando amamos a Dios lo suficiente para permitir que la Palabra de Dios penetre en nosotros y ajuste nuestras convicciones, principios, sistemas y formas de vida, y permitamos a Dios que sea el proveedor de nuestras necesidades, no tenemos necesidad de llevarnos nada cuando nos reunamos con Él (Cfr Mc 6,8).

Verdaderamente, es lo único fundamental que existe. Una persona que ama, quiere compartir su comida, dinero, medicinas, refugio, cuidados y sobre todo a Dios. La Madre Teresa lo compartía todo, incluyendo sobre todo el amor a Dios. Su vida estaba muy bien enraizada en los Evangelios. Ella se esforzó en remediar las necesidades de los pobres repitiendo fielmente las palabras de Jesucristo:

> Porque teniendo Yo hambre, me habéis dado de comer, teniendo sed, me habéis dado de beber; siendo un forastero, me recogisteis; estando desnudo me vestisteis; estando enfermo, fuisteis a visitarme, estando en la cárcel, fuisteis a verme....En verdad os digo que en tanto que lo habéis hecho a uno de estos hermanos míos insignificantes, a mí mismo me lo habéis hecho." (Mt 25, 35-40)

✧ Lee Mateo 6,25-34. Si la pobreza significa vaciar tu mente y tu alma de las cosas materiales para llenar tu corazón con la Palabra de Dios, ¿qué pasos prácticos puedes seguir para hacerlo? Lee Mateo 25,31-36. ¿Qué te dice exactamente este texto?

✧ La Madre Teresa preguntó: "¿conocemos a los pobres de nuestra casa, de nuestra familia?" (Neff, p. 220). ¿Los conoces tu? si es así, como puedes ayudarlos?

✧ Nombra tres cosas materiales a las cuales estas esclavizado. ¿Hasta cierto punto esas cosas materiales te poseen y dependes de ellas? Si es así ¿por qué?

✧ ¿Disfrutas la seguridad financiera? Si es así o no es así, ¿de qué manera puedes compartir con otros, especialmente con aquellos que son menos afortunados que tú?

✧ Haz un recorrido por tu casa con ojos observadores. ¿Cuántas cosas tienes en cada clóset y en cada rincón que no utilizas y que probablemente nunca las usaras? ¿Te llama la atención la libertad de vivir sencillamente? ¿Cómo puedes simplificar tu vida?

✧ Haz el mismo recorrido pero en tu ser. ¿Cuántos conceptos, deseos, planes, juicios falsos, prejuicios, resentimientos y demás, están ahí amontonados en tu mente e incapacitándola? ¿Cuándo puedes empezar a confiar en Dios solamente y sentirte finalmente libre ?

Palabra de Dios

Al que te pide, dale. Y no vuelvas la espalda al que quiera pedirte dinero prestado. (Mt 5,42)

Él les decía: "El que tenga dos túnicas, que le dé una al que no tenga; y el que tenga alimentos, que haga de la misma manera." (Lc 3,11)

Supongamos que un hermano o hermana están desnudos y les falta el sustento de cada día, y que uno de vosotros les diga: "Id en paz a calentaros y a llenaros", sin darles lo necesario para el cuerpo: ¿de qué les servirá eso? (Sant 2,15-16)

Les recomendó que no llevasen para el camino más que un bastón; nada de pan ni morral, ni dinero en el cinturón; que llevasen sandalias y que no se pusieran dos túnicas. (Mc 6,7-8)

Bienaventurados los pobres de espíritu, porque suyo es el Reino de los Cielos. (Mt 5,3)

Oración final: Amadísimo Señor, concédeme que te vea en cada uno de mis hermanos que conozca el día de hoy. Yo sé que puedes estar escondido detrás del disfraz poco atractivo de mi pobre vecino, de mi irritable compañero de trabajo, de mi jefe irracional y de tanta gente en soledad de mi comunidad. No me permitas desacreditar tu don de amor, que me has dado, dejando ir mi impaciencia con cualquiera de ellos, o mi frialdad, mi falta de respeto o indiferencia. Permíteme hacer con otros lo que hago contigo.

✧ Meditación 7 ✧

Contemplación en el Corazón del Mundo

Tema: La Madre Teresa estaba convencida de que "la contemplación y actividad no son dos vidas diferentes; sino que una es la fe en acción a través del servicio, y la otra es la fe en acción a través de la oración" (Madre Teresa, *Jesus*, p. 66).

Oración inicial: En silencio y contemplación, te busco mi Señor. En palabra y obra, yo hago tu voluntad. Guía mi búsqueda y mis acciones, que ambas puedan ser llevadas por tu amor y que ambas puedan traer amor a otros.

Acerca de la Madre Teresa

La Madre Teresa relató:

> Uno de nuestros hermanos vino a mí preocupado... y me dijo, "Mi vocación es trabajar para los leprosos... quiero gastar toda mi vida y mi todo en esta vocación". Entonces le dije, "Estas cometiendo un error hermano; tu vocación es pertenecer a Jesús. Él te ha escogido y el trabajo que tu realizas es solamente el medio de expresar tu amor por Él en acción. Por lo tanto no importa que trabajo estés haciendo; la cuestión principal es que tu perteneces a Él, que tu eres de Él y que Él te da los medios para hacer esto por Él".... Porque para todos nosotros religiosos, no importa qué hagamos o dónde estemos, mientras recordemos que le pertenecemos, que somos de Él, que Él puede hacer de nosotros según su voluntad. (Le Joly, *Mother Teresa of Calcutta*, p. 162)

Para la Madre Teresa, nuestra pertenencia a Cristo determina la importancia de la contemplación en su vida y enseñanzas. Pero la Madre Teresa nunca vio la separación entre contemplación y acción. En su reunión con el hermano que trabajaba con leprosos, nunca negó su vocación, recordándole que primero y ante todo él era llamado por Jesucristo y que lo que él hiciera tenía que ser a través de Jesucristo. Para fundamentar su convicción, muy a menudo utilizaba las palabras de santo Tomás de Aquino:

> Santo Tomás de Aquino dijo, "Aquellos que han sido llamados a la acción, se equivocan si piensan que están dispensados de la vida contemplativa. Ambas tareas van relacionadas muy de cerca, aunque estas dos vidas, lejos de ser ambas exclusivas se entrelazan entre sí, llevando consigo los mismos medios y ayuda siendo mutuamente complementarias. Si la acción debe de ser fructífera, necesita de la vida contemplativa. Y cuando la vida contemplativa alcanza un grado dado de intensidad, derrama su excedente en la vida de acción". (Neff, p. 27-28).

Pausa: ¿Separas tu vida diaria (activa) de tu vida Cristiana (contemplativa)?

Palabras de la Madre Teresa

> Mis hermanas, Las Misioneras de la Caridad, no son trabajadoras sociales: son contemplativas en medio del mundo. Sus vidas están consagradas a la Eucaristía a través del contacto con Cristo bajo las especies del pan, vino, y el semblante penoso del pobre. (Madre Teresa, *Heart of Joy*, p. 2)

> Estamos llamados a ser contemplativos en el corazón del mundo—
> —buscando el rostro de Dios en todo, y en todos, en donde quiera, todo el tiempo y buscando su mano en todo suceso:
> —viendo y adorando la presencia de Jesús, especialmente en la humilde apariencia del pan y en el penoso disfraz del pobre, orando en el trabajo, que es, hacerlo por Jesús, para Jesús y con Jesús. (Neff, p. 28)

Reflexión

La Madre Teresa iba directamente al punto en las conferencias que realizó y en su silencio cuando ella solamente vivía su vida. Porque sabía su evangelio y la posición de su Iglesia, parecía tener siempre en su mente la respuesta que quería dar. No estaba interesada en argumentar y especular. No estaba interesada en dividir y analizar. No veía la separación entre sagrado y profano, entre las leyes espirituales y el mundo, entre lo que decía y hacía o entre Jesucristo y los demás. Vivió la vida de Jesucristo. Y vivir la vida de Jesucristo era en esencia vivir contemplativamente. La Madre Teresa me dijo: "Para mí la contemplación no es estar enclaustrada en un lugar oscuro, sino permitir que Jesús viva su pasión, su amor, y su humildad en nosotros orando con nosotros, estando con nosotros, santificándose a través de nosotros" (Madre Teresa, *Jesus*, p. 73).

Por esta razón ella era capaz de estar con sus hermanas y hermanos, contemplativamente en el corazón del mundo, sin necesidad de tener que retirarse a lugares desiertos. La Madre Teresa también estaba segura respecto a sus funciones. Repetidamente estableció que ella no era una trabajadora social, aunque hiciere el mismo trabajo que una de ellas. La Madre Teresa era contemplativa porque Jesucristo siempre fue su objetivo: "Nosotras las Misioneras de la Caridad estamos con Jesús veinticuatro horas al día. Hacemos todo por Jesús. Y lo hacemos para Él". (Madre Teresa, *My Life*, p. 61)

Estando con Jesús veinticuatro horas al día, significa estar con Él en la plenitud de la vida. "Nuestra contemplación es nuestra vida", explicó. "No importa el hacer sino el ser...pues somos designados a ser "mensajeros del amor de Dios". (Madre Teresa, *My Life*, p. 14).

Si tu amor por Dios implica que te preocupes por otros, la contemplación debe fructificar en la acción. En otras palabras, el mundo es de Dios y la salvación es el plan de Dios. Dios está trabajando en el mundo a través de nosotros. La Madre Teresa explicó: "Dios lo hace, no yo". (Le Joly, *Mother Teresa*, p. 172)

La contemplación trata del crecimiento en el amor. Es el estar continuamente en contacto con el amor, en comunión y armonía con todos en todo.

En el pasado la vida contemplativa fue, en un sentido, más formal y más rígida. La vida contemplativa dejaba todas las cosas materiales con el objeto de enfocarse en las palabras de Jesús, "la mejor parte" (Cfr Lc 10, 38–42). Esa ciertamente es una interpretación válida de la vida de contemplación pero no es la única.

El otro significado de la vida contemplativa, especialmente en los tiempos modernos, está en considerar "la mejor parte" no como lo que se deja después de que se caigan las otras cosas, sino como la que incluye todas esas. Este es un punto sutil y delicado. La contemplación no es una entidad separada de lo que hacemos, sino que la contemplación está en la acción, en el mismo proceso.

De acuerdo a la Madre Teresa, debemos salvar la plenitud y la fidelidad de Dios en todas nuestras acciones, porque Dios está con nosotros las veinticuatro horas del día. Esto se llama viviendo por la Palabra, con la Palabra y para la Palabra. Cuando hacemos esto nuestra sola acción se convierte en contemplación, no porque la acción sea necesaria para Dios, pero porque la presencia de Dios en la acción hace la acción necesaria. La Madre Teresa insistió en ver a Jesucristo en los más pobres de los pobres, porque creyó que lo que estaba haciendo por los pobres lo hacía para Jesucristo mismo.

Una persona contemplativa no hace esto o ese trabajo para acumular puntos para su vida contemplativa. Una persona contemplativa es una persona de Dios que su trabajo es la vida de Dios, la única cosa necesaria que incluye todas las otras para ser santificado. Tal persona vive una transformación de la presencia de Dios en todas las cosas. Donde la dicotomía entre lo sagrado y lo secular se desvanece como la separación entre la acción y la oración. Cuando vivimos en esta Presencia, dijo la Madre Teresa, nosotros "hacemos del trabajo oración, para hacer el trabajo, nuestro amor por Dios en la acción" (Madre Teresa, *Jesus*, p. 59), y encontramos la Divina Presencia en todas partes en la unidad de todas las cosas.

En la vida cristiana, nuestro amor por Dios y por nuestras hermanas y hermanos es uno en lo mismo. Damos a otros lo que tenemos que contemplar. Amamos este árbol, esta cosa, esta persona y a Dios al mismo tiempo. Amando al todo en el todo es la esencia de la contemplación.

✦ Tú sabes que Dios te entiende, te ama y Él sabe lo que experimentas cada día—tu jornada, tus luchas, tu descanso, tu trabajo—todos tus caminos. ¿Cómo reaccionas a ese conocimiento? ¿Te sientes amado? ¿Apoyado? ¿Con miedo? ¿Menospreciado? ¿Alegre? ¿Indiferente? ¿Abrumado? ¿Fortalecido?

✦ Dios está presente en tu saludable cuerpo y en tu lado débil, como en tu quebranto, vulnerabilidad, confusión, y lado oscuro. ¿Cómo describes la presencia de Dios en tu oscuro interior y en tu vulnerabilidad? ¿Es silencioso? ¿Amenazante? ¿Vengativo? ¿Compasivo? ¿Triste? ¿Amoroso? ¿Cambiante?

✦ ¿Permites a Dios que conduzca tu vida contigo? ¿Te rindes a la voluntad de Dios? ¿Te das cuenta de que lo que haces está de acuerdo a los designios de Dios?

✦ ¿Cuál es tu reacción ante la idea de Dios de amoldarte? ¿Te sientes amado? ¿Agradecido? ¿Enojado? ¿Maravillado? ¿Rebelde? En tu diario escribe un diálogo en donde compartes esa reacción con Dios.

✦ Jesús llevó una vida activa y también fue contemplativo. ¿Qué puedes hacer para vivir como Jesús vivió una vida activa y también contemplativa? Puede la Madre Teresa ayudarte a encontrar un camino que te lleve a éso?

✦ Leer Lucas 10, 30-42. Supón que Jesús va a llegar a tu casa el día de hoy. ¿Cómo lo recibirías?

✦ Thomas Merton dijo que la contemplación es la perfección del amor. Otros describen la contemplación como el arte de corresponder una atención de amor a Dios en el fondo de tu ser y en el mundo de Dios. Si el amor está en la contemplación del corazón, ¿qué acciones tienes que tomar para que crezca tu amor por Dios?

✦ "¡Tranquilízate, y entérate que soy Dios!" (Sal 46,11). Tranquilízate en la presencia de Dios. Repite la palabra "Dios" mientras contemplas una vela o un crucifijo. Concéntrate en el momento presente. Escucha, ¿qué es lo que Dios te está revelando?

Palabra de Dios

Pidiéndole que según la grandeza de su gloria os conceda crecer en fuerza, por la virtud de su Espíritu, en lo tocante al hombre interior; que viva Cristo en vuestros corazones por la fe, quedando arraigados y cimentados en la caridad. (Ef 3, 16-17)

Yo soy la vid y vosotros sois los sarmientos. El que sigue adherido a mí, y Yo unido a él, rinde abundante fruto. Separados de mí no podréis hacer ninguna cosa. (Jn 15,5)

Probad y ved qué bueno es el Señor; dichoso el hombre que se refugia en Él. (Sal 34,9)

¡Cuánto amor tengo a tu Ley! Por eso la medito todo el día. Tus mandamientos me hacen más sabio que mis enemigos; porque siempre me acompañan. (Sal 119,97-98)

Tus palabras son a mi paladar más dulces que la miel para mi boca. (Sal 119,103)

Tus mandamientos son mi herencia eterna, porque son la alegría de mi corazón. Hago que mi corazón se incline a guardar hasta el fin tus estatutos. (Sal 119, 111-112)

Oración final:
Señor Jesús,
   Ven ahora y habita en mí.
   Quédate conmigo, entre mis libros, mis sueños y las ollas y cazuelas de mi cocina.
   Quédate conmigo por el tráfico del camino, en el trabajo y en las tiendas que necesito visitar el día de hoy.
   Quédate conmigo en las reuniones que atiendo, la gente que veo y todas las discusiones en las que participo.
   Pues cuando estás conmigo, Señor mío, me siento más identificado con otros y cualquier cosa que hago se convierte en meditación.
   Lo que realmente importa, por sobre todo, es estar en tu amor las veinticuatro horas del día. Amén.

✧ Meditación 8 ✧

El Secreto de la Alegría

Tema: La alegría y la santidad están íntimamente vinculadas. Cuando la santidad se transforma en parte de nuestra vida diaria, la alegría se incrementa en el mismo proceso. La alegría profunda crece en la santidad.

Oración inicial:

> Yo sonrío, y el mundo sonríe conmigo.
> Yo río, y el mundo ríe también.
> Yo te alabo, Dios mío y el mundo te alaba cantando.
> Pues Tú eres la fuente de mi alegría,
>   la primavera de mi amor,
>   la clave de mi compasión.
> Quédate conmigo hoy, mañana y siempre,
>   para que yo pueda traer tu alegría a todo el que conozca.

Acerca de la Madre Teresa

Eileen Egan escribe:

> La Madre Teresa con frecuencia le daba a la gente consejos inesperados. Cuando un grupo de Americanos la visitaron en Calcuta, le pidieron un consejo para llevar a sus familias en casa.
> "Sonrían a sus esposas" les dijo. "Sonrían a sus esposos".
> Pensando que posiblemente el consejo era muy sencillo, viniendo de una persona soltera, uno de ellos pregunto "¿está casada?".

"Sí", les respondió, para su sorpresa, "y a veces me es muy difícil sonreírle a Jesús. Pues Él puede ser muy exigente". (*At Prayer*, p. 126)

A la Madre Teresa le gustaba contar la siguiente historia:

Han pasado algunos años y nunca olvidaré a una joven francesa que vino a Calcuta en cierta ocasión.

Parecía angustiada y estuvo trabajando en nuestra casa con indigentes moribundos. Después de diez días me fue a visitar.

Me abrazó y me dijo "¡he encontrado a Jesús!"

Le pregunte dónde has encontrado a Jesús.

"En la casa con los indigentes moribundos",

"¿Y qué hiciste después de haberlo encontrado?"

"Fui a confesarme y a comulgar por primera vez en quince años".

"¿Y que hiciste después? le volví a preguntar".

"Les mandé un telegrama a mis padres diciéndoles que encontré a Jesús".

La mire y le dije, "ahora empaca y vete a casa. Ve a tu casa a dar alegría, amor y paz a tus padres".

Se fue a casa radiante de alegría porque su corazón estaba lleno de gozo. ¡Al llegar, que alegría le dio a su familia!

¿Por qué?

Porque había perdido la inocencia de su juventud y aquí la había recuperado. (Neff, p. 118)

La Madre Teresa estaba convencida de que el Señor es la llave secreta de la alegría. Cuando uno encuentra al Señor uno encuentra la alegría.

Pausa: ¿Cual es la fuente de alegría para ti?

Palabras de la Madre Teresa

La alegría es oración; la alegría es fuerza; la alegría es amor, una red de amor con la que puedes atrapar almas. Dios ama a las personas alegres que se dan. Dios se da más a quien da con alegría. Si en tu trabajo tienes problemas y los aceptas con alegría, con una gran sonrisa—en esto como en todo—verán tu gran esfuerzo y glorificaran al Padre. La mejor manera de agradecer a Dios, y a la gente, es el aceptar todo con alegría. Un corazón alegre es el resultado normal de un corazón ardiente de amor. (Madre Teresa, *Jesus*, p. 127)

El gozo es indudablemente fruto del Espíritu Santo y una clara señal del que habita en el Reino. Jesús compartió su alegría con sus discípulos: "que mi alegría esté dentro de vosotros y que esa alegría vuestra sea completa" (Jn 15,11). Nuestra alegría es resultado de nuestra generosidad, abnegación y unión cercana a Dios; pues el que da más es el que lo hace con alegría y Dios ama a todo aquel que da con alegría. (Madre Teresa, *Jesus*, p. 111)

La alegría debe ser uno de los pilares de nuestra vida. (Madre Teresa, *Heart of Joy*, p. 127)

Reflexión

Para la Madre Teresa, la alegría fue un don del Espíritu Santo, una señal del Reino de Dios, fortaleza de nuestra Señora, fortaleza de la misma Madre Teresa, de sus hermanas y hermanos. La alegría fue oración, amor, gratitud a Dios y una intima y constante unión con el Señor. La alegría era una forma para la Madre Teresa y sus seguidores de predicar el evangelio. Una persona que derrama alegría es un reflejo del amor de Dios, un testigo de la esperanza en la felicidad eterna y un predicador sin palabras.

La Madre Teresa disfrutaba viajar, particularmente porque le daba una amplia oportunidad para orar y para conversar en silencio con la gente. Los viajeros que la reconocían estaban ansiosos de acercarse y pasar unos minutos con ella. Sólo para saludarla. Sólo para sentir la presencia de una persona excepcional—una santa. Sólo para ver como se veía una santa viva. La Madre Teresa les preguntaba como se encontraban ellos, sus familias, sus amistades y demás. Los alentaba a que oraran y les prometía orar por ellos. La Madre Teresa sembraba bondad, alegría y confianza en Dios. También haría "otra cosa hermosa para Dios", agregaría otra nota a su maravillosa sinfonía para la Gloria de Dios. Practicaría el ministerio de la alegría:

La alegría genuina de la Madre Teresa fue un contraste impactante con la falta de alegría que encontró en las naciones más desarrolladas:

> Cada vez que voy a Europa y América, me impacta la infelicidad de la gente que vive en esos países tan ricos: tantos hogares desechos; niños descuidados por sus padres. Su primera tarea es trabajar entre su propia gente, unir parejas separadas, construir buenos hogares donde los niños puedan recibir el amor de sus padres.
>
> Tienen riqueza material; pero carecen de valores espirituales. (Madre Teresa, My Life, p. 112).

La alegría fue también una parte esencial de la misión de sus hermanas. La Madre Teresa les diría: "la alegría es una necesidad y un poder para nosotras, aún físicamente. Una Hermana que ha cultivado el espíritu de alegría se siente menos cansada y siempre está lista para hacer el bien. Una Hermana llena de alegría predica sin hablar. Una Hermana alegre, es como los rayos de sol del amor de Dios, la esperanza de la felicidad eterna, la llama del amor ardiente" (Madre Teresa, Jesus, pp. 124-125). Y a todos, especialmente a sus hermanas, les decía: "no dejen que nadie que venga a ustedes se vaya sin sentirse mejor y mas alegre ... a los niños, a los pobres, a todos los que sufren y se encuentran solos, denles siempre una alegre sonrisa—denles no solo su cuidado sino también su corazón" (Madre Teresa, Something Beautiful, p. 50)

Malcolm Muggeridge, un reportero que encontró a la Madre Teresa durante un reportaje de la BBC, puntualizó exactamente la alegría de las hermanas: "Su vida era dura y austera según los estándares normales de vida; más nunca he conocido a mujeres más alegres o en tal atmósfera de alegría, como ellas lo han creado" (Madre Teresa, Something Beautiful, p. 37).

El secreto de esta alegría tan radiante, puede ser encontrada en la respuesta de la Madre Teresa a la pregunta sobre las jóvenes que llegaron con ella y dedicaron "todo su tiempo, energía y vida al servicio de los pobres":

Eso es lo que ellas quieren dar. Le quieren dar todo a Dios. Saben perfectamente que es para Cristo el hambriento, el desnudo y el desamparado a quien están dando su amor y servicio. Y esta convicción y este amor es lo que las hace tener la alegría del dar. Por esa razón ven a las Hermanas felices. No están forzadas a ser felices: están felices por naturaleza propia, porque sienten que han encontrado lo que siempre habían estado buscando. (p. 80)

La alegría verdadera no sucede solamente porque sí. Existe un grado de correlación entre lo que hagamos con el mundo que nos rodea y lo feliz que seamos. Sin embargo, cambiando las circunstancias de nuestra vida, tales como las personas cerca a nosotros, el trabajo, el cambiar de casa o contar con placeres tales como: drogas, alcohol, comida, aunque sólo puedan dar un alivio temporal, no necesariamente dan un gozo profundo y satisfactorio. El secreto de una alegría verdadera es más profundo que las circunstancias superficiales. El secreto de la alegría verdadera está enraizada en la convicción de que nuestra existencia es parte de una existencia superior y que nuestro camino espiritual y filosofía de la vida son necesarios para darle un propósito a nuestra existencia. Es exactamente en la búsqueda de ese propósito donde nuestra vida se convierte en alegría.

La alegría verdadera es probablemente el impulso más poderoso en la mente humana. Aumenta la habilidad de amar y ser amado. Despierta el don de la vida. Hace cada momento de la vida más fresco y creativo. Nos pone en contacto con lo más profundo de nuestro verdadero ser como hijos de Dios. Nos hace escuchar nuestro propio llamado y nuestra voz interna que conoce lo que debemos hacer para obtener lo mejor de la vida. Nos convierte de solo recibir a querer dar.

Una autorecompensa es decepcionante. Las cosas verdaderas toman su tiempo. La verdadera fuente de la alegría yace en nuestro verdadero ser, no en la acumulación de riquezas. Solamente en ese ser verdadero, donde habita la Santísima Trinidad y donde el amor es ley, es de donde puede emerger la verdadera preocupación por los demás y el deseo de hacer de este mundo un lugar mejor para vivir. Esta preocupación y deseo nos permite realizar una contribución mayor a los demás y al mundo entero. Dirige nuestros ojos, corazones, mentes y manos hacia otras personas y a los problemas del mundo, manifestando una era de compasión y entendimiento hacia las relaciones humanas. La alegría verdadera es una consecuencia de todo este proceso.

¡Un propósito noble y una jornada noble! Este es el camino de la alegría verdadera. Tal alegría es la señal de la presencia de nuestro Dios amoroso entre nosotros, que debe ser compartida con otros."Vivid siempre alegres en el Señor" (Fil 4,4), recomendaba San Pablo. Este es el propósito de la vida. La Madre Teresa nos recuerda que uno es feliz cuando uno encuentra lo que está buscando. Uno es feliz en Dios.

✧ ¿Haz enfrentado desilusiones? Si es así, ¿cómo las has manejado? ¿Y qué aprendiste de ellas?

✧ ¿Cómo puedes crear la alegría aunque no tengas el trabajo que quieres o aunque las cosas no estén marchando bien?

✧ ¿Tienes toda la energía que quisieras?

✧ ¿Te ríes a menudo?

✧ ¿Alguna vez has sentido una gran alegría en tu vida? Si así fue, ¿cuándo? ¿Por qué?

✧ San Agustín le dijo a Dios: "Nos has hecho a tu imagen y semejanza y nuestro corazón esta inquieto hasta que descanse en ti" (Augustine, p. 39). ¿Has experimentado un corazón inquieto? ¿Has encontrado la paz apoyándote en Dios? ¿Existe la alegría en esta paz?

✧ ¿Tiene tu vida un significado y un propósito? Analiza este tema en tu diario personal.

✧ ¿Disfrutas ayudando en la vida de otros? ¿Qué has hecho por otros el día de hoy?

✧ Da un paseo. Disfruta de lo que te rodea. Concéntrate en la presencia amorosa de Dios en tu interior, fuera de ti, en tu entorno y en todo lugar. Repite con frecuencia: "Dios es mi alegría".

Palabra de Dios

Me mostrarás la senda de la vida, el goce inmenso que se siente en tu presencia, los placeres eternos a tu diestra. (Sal 16,11)

Entraré a donde está el altar de Dios, y me acercaré al Dios de mi gozo y alegría; y te ensalzaré con la cítara, Dios mío, Dios mío. (Sal 434)

Vivid siempre alegres en el Señor; otra vez lo diré: vivid alegres. (Fil 4,4)

Yo estaré arrebatado de júbilo en el Señor, y mi corazón va a regocijarse en mi Dios, porque me cubrió con la ropa de mi salvación me envolvió en el manto de la justicia, así como el novio adorna con diadema su cabeza, así como sus alhajas la novia se atavía. (Is 61,10)

Oración final: Te ruego, querido Dios mío, que vengas y habites en mi, para que pueda estar lleno de vida y vivir mi vida en plenitud, con la mayor alegría. Permite que mi alegría sea mi oración de gratitud a Ti.

✧ Meditación 9 ✧

Confianza en Dios

Tema: La Madre Teresa dijo, "Confía en el buen Dios, que nos ama, nos cuida, que todo lo ve, todo lo sabe, todo lo hace por mi bien y el bien de todas las almas". (Madre Teresa, *Jesus*, p. 39)

Oración inicial: Dios mío, no tengo forma de saber si estoy en el lado de lo que yo pienso o en el camino hacia Ti, por lo tanto pongo mi entera confianza en Ti haciendo las cosas a tu manera. Concédeme la gracia de experimentar tu presencia aquí y ahora y ser capaz de decir en cada situación, "Es el Señor" (Jn 21,7).

Acerca de la Madre Teresa

A la Madre Teresa le gustaba demostrar como trabaja la Divina Providencia y cuanto confiaba en ella. Contaba esta historia de su misión en Calcuta:

> Cocinábamos para nueve mil personas todos los días. Un día una hermana vino a verme y me dijo, "Madre Teresa, no hay nada de comer, nada para darle a la gente". No tenía respuesta y como a las nueve de esa mañana llegó a nuestra casa un camión lleno de pan. El Gobierno da una rebanada de pan y un vaso de leche todos los días a los niños pobres. Ese día – nadie supo en la ciudad por qué – pero de repente todas las escuelas fueron cerradas. Por lo que todo el pan llegó a la Madre Teresa. Ves, Dios cerró las escuelas, Él no dejaría a nuestra gente sin alimento. Yo pienso que esta es la primera vez en toda su larga vida que ellos han tenido un pan tan bueno y en abundancia. De esta manera tu puedes ver cuan tierno es Dios. (Neff, p. 163)

José Luis González-Balado, quien había conocido a la Madre Teresa desde 1969 y fue autor de varios libros sobre ella, escribió:

> Mucha gente cree que en la realidad la Madre Teresa ve actuar a la Divina Providencia a través de actos de causas segundas. En otras palabras, Dios con frecuencia se sirve de la gente.
>
> Por ejemplo, en vez de llenar milagrosamente, durante la noche, su despensa, sus guardarropas, o sus botiquines con medicinas, Dios despierta en los corazones de la gente la generosidad de dar, muy a menudo en las personas que tienen más de lo que necesitan. (p. 141)

González-Balado explica que, por ejemplo, cuando alguien dona un camión lleno de comida a la Madre Teresa, el chofer recibirá la inspiración de rehusar la propina, que acostumbra recibir cuando descarga en cualquier otro lugar. González-Balado añade, que la Madre Teresa firmará la factura del chofer y la archivará—no para que pueda saber a quien pedirle otra donación, sino para que pueda agradecer al donador y pedirle a Dios que lo recompense.

Pausa: Como Jesús nos sugirió, miren a los pájaros del cielo y contemplen las flores del campo (Cfr Mt 6,26-28). ¿Qué papel juega la Divina Providencia en tu vida?

Palabras de la Madre Teresa

Confía en Dios.
   Siente la seguridad de la Divina Providencia.
   Confía en Él.
   Él sabe.
   Él proveerá.
   Déjalo que pruebe tu fe y confía en Él.
   Espera en Él.
   Confía y Cree.

(Madre Teresa, *My Life*, p. 110).

¿Dinero? Nunca lo he pensado. Siempre llega. Hacemos todo nuestro trabajo para el Señor; Él debe cuidarnos. Si Él quiere que algo se realice, Él debe darnos los medios. Si Él no nos provee con los medios, eso significa que Él no quiere que ese trabajo en particular sea hecho, y yo me olvido de eso. (Madre Teresa, *My Life*, p. 112)

En lo relacionado con los medios económicos para apoyar nuestro trabajo de caridad, vivimos de la palabra de Jesús. Él dijo: "El Padre te cuida y conoce tus necesidades. En sus ojos tú eres mucho más importante que los lirios del campo o los pájaros del cielo" (Cfr Mt 6,26-34)

Nunca hemos tenido que rechazar a nadie por falta de recursos. Nuestro buen Dios siempre ha demostrado el cuidado más delicado y un amor lleno de cariño por los pobres. Utilizándonos para ofrecerles la abundancia de su amor. (Madre Teresa, *Heart of Joy*, p. 122-123)

Reflexión

Cuando la Madre Teresa decidió dejar atrás su vida feliz, como hermana misionera de Nuestra Señora de Loreto, La Madre Teresa, se encomendó a la Divina Providencia en un gran acto de confianza. Sabía que tenía que ir donde Dios la llamaba pero no sabía como llegar. No tenía un apoyo financiero, ni tampoco una clara idea de cómo las cosas iban a funcionar. La incertidumbre de lo impredecible, se hizo presente. "Yo estaba en la calle", la Madre Teresa recordó, "sin un refugio, sin compañía, sin alguien que me ayudara, sin dinero, sin empleo, sin una promesa, sin garantías, sin seguridad" (Madre Teresa, *My Life*, p. 10).

Mientras la orden crecía, la Madre Teresa y sus hermanas no recibían un salario para ellas, ni tampoco pedían dinero para ellas y mucho menos para los pobres. Cumplían su trabajo por el solo amor a Dios. Y de alguna manera lo que necesitaban siempre estaba ahí. Dios era su proveedor. La Madre Teresa creía que si Dios quería que el trabajo fuera realizado, Dios les daría los medios; y si Dios no les mandaba los medios eso quería decir que Dios no quería ese proyecto. El dinero no era un problema. Siempre había para cada proyecto. La fe en su llamado, así como la total confianza en Dios nunca falló.

Así como Abraham creyó en la Promesa de Dios y le obedeció, inclusive aceptando la orden de Dios de sacrificar a su propio hijo; y así como la Virgen María (cuya fe fue su más grande mérito) creyó, la Madre Teresa creyó en el llamado del Señor y confío en Dios y tuvo fe en que Dios no le fallaría. Con ese espíritu vivió toda su vida. Por esa razón ella pudo realizar proezas.

Para mostrar como la Divina Providencia trabajó en ella, la Madre Teresa recordó: "Una vez recogimos a un hombre, que necesitaba una medicina especial. Mientras estábamos pensando en cómo conseguirla, un hombre tocó a la puerta con abundantes muestras de medicina. Entre ellas estaba la que urgentemente se necesitaba" (Madre Teresa, *Heart of Joy*, p. 43).

La Madre Teresa describió su filosofía sobre la Divina Providencia sin rodeos:

No tenemos ingresos, ni concesiones por parte del Gobierno, no nos mantiene la Iglesia: solamente la Divina Providencia.

Hemos tratado con miles y miles de pobres, y jamás hemos rechazado a nadie porque no tengamos nada para dar. Siempre hay algo que dar. Jesús mantiene su palabra, somos mucho más importantes para su Padre que las flores, el pasto y los pájaros. (Madre Teresa, *My Life*, p. 61)

Las Misioneras de la Caridad, aprendieron de la Madre Teresa una experiencia de aventura. Podían ir a cualquier parte sin tener miedo, si esto significaba extender la misión—aunque fuera a un área violenta al sur del Bronx, dijo la Madre Teresa:

En Nueva York, en el área donde vivimos, abunda el conflicto, el sufrimiento y el odio. Sin embargo, las Hermanas van y vienen a su antojo sin que nadie las lastime. Nuestro Sari es un signo para la gente, de nuestra consagración a Dios, de que le pertenecemos a Él. El rosario que cargamos en nuestra mano es una gran protección, defensa y ayuda. (González-Balado p. 31)

"Sigue adelante" (Cfr Gén 12,1) fue la primera palabra de Dios a Abraham. La palabra de Dios fue un reto para él. No logró entender, el dónde, por qué, y cómo de su misión. No tenía ni un mapa, ni dirección de su destino. Y de todos modos el llamado era claro. "Sigue adelante". En otras palabras: "Yo soy Dios, confía en mi. Estaré contigo. Yo te llevaré allí. Toma el riesgo. Deja todo atrás y sígueme". Y Abraham lo siguió. Se convirtió en nuestro Padre en la fe y el pionero de la confianza en Dios. Se necesita mucho valor para aventurarse con Dios. Pero cuando lo hacemos, y solo entonces, todas las cosas llegan por si solas y empezamos a ver el significado de ellas.

La ironía de la confianza es que si sólo confiamos en nuestra inteligencia, fuerza y personalidad, fallaremos. Colocar nuestra confianza en tales cosas nos lleva a la frustración y desesperanza. No podemos estar totalmente libres hasta que vivamos en confianza con Dios. Entonces podremos afrontar el vivir hasta en la pobreza, como el más pobre de los pobres, sin tener nada, sin apegarse a nada, pues poseemos realmente todo lo que queremos.

Cuando aprendamos a abandonarnos a la Divina Providencia tendremos todo lo que deseemos. La confianza hace maravillas. Los pájaros del cielo y las flores del campo son milagros de confianza. Cuando buscamos como prioridad el paraíso, todas las necesidades materiales son satisfechas, pues nuestro Dios prueba ser el Dios fiel de siempre (cfr Dt 7,9; Is 49,7; 2Tes 3,3; 1Jn 1,9). Si nos abandonamos a la Providencia de Dios, Dios nunca nos abandonará; fue lo que hizo la Madre Teresa.

✦ Todos necesitamos una persona esencial en quien confiar – una esposa, un familiar, un amigo; ¿quién es la persona más confiable en tu vida? ¿Alguna vez has confiado en Jesucristo como amigo?

✦ Sabemos que podemos perder nuestro trabajo, nuestro dinero y nuestras valiosas relaciones. ¿Usualmente te sientes preocupado, inseguro y con insomnio? ¿Por qué sí o por qué no?

✦ "El Señor le dijo a Abraham: "Sal de tu tierra, de tu parentela, y de la casa de tu padre y vete a la tierra que te voy a enseñar..." "De manera que Abraham salió como le había ordenado el Señor" (Gén 12,1-4). ¿Eres capaz de confiar en Dios y tomar el riesgo si Dios te llama y requiere que viajes sin mapa? Escribe un diálogo con Dios acerca de este tema.

✧ Supón que al salir del correo conoces a un hombre con un micrófono, que te quiere entrevistar para un programa de televisión, cómo le contestas a estas dos preguntas:

✧ ¿Jesucristo hace alguna diferencia en tu vida? ¿La fidelidad de Dios como centro de tu vida, tiene alguna consecuencia especial en tus experiencias diarias?"

✧ Reza repetidamente, "Pongo mi confianza en Dios".

Palabra de Dios

Mirad cómo las aves del cielo no siembran ni cosechan, ni guardan en graneros; y, sin embargo, vuestro Padre celestial las mantiene. ¿Pues qué, no valéis vosotros más que ellas? ¿Quién de vosotros, por más que se preocupe de ello, puede aumentar un solo codo el hilo de su vida? Y ¿por qué os preocupáis del vestido? Mirad cómo crecen los lirios del campo: no trabajan, ni hilan. Pues bien, Yo os aseguro que ni Salomón con todo su lujo se vestía como uno de éstos. Y si Dios viste así a la hierba del campo, que hoy vive y mañana la echan al horno, ¿no lo hará mucho más a vosotros, hombres de poca fe? (Mt 6,26-30).

Oración final: Dios mío, solo tú eres mi Dios. Confío en tu llamado, tu inspiración. Sé que no me defraudarás" (Madre Teresa, *My Life*, p. 10).

✧ Meditación 10 ✧

Vida Familiar

Tema: La Madre Teresa nos aconsejó, "Debemos hacer de nuestro hogar un segundo Nazaret donde Jesús pueda venir y vivir con nosotros". (Madre Teresa, *One Heart*, p. 22)

Oración inicial: Señor, haz que mi familia sea unida, esté en paz y sea una familia Santa, para que nosotros – cada uno de nosotros – podamos cumplir tu voluntad y crecer juntos hacia Dios. Señor, haz de mi familia tu familia y de nuestra casa tu hogar. Por favor Señor, ven a vivir con nosotros.

Acerca de la Madre Teresa

Un doctor Húngaro de sesenta años de edad, casado y padre de siete jóvenes ya establecidos, fue a Calcuta a trabajar con la Madre Teresa. Estaba convencido que había sido llamado para dedicarse a los pobres. La Madre Teresa no lo conocía. Le dijo que orara por su nueva vocación y le asignó un trabajo con sus pacientes. Después de un rato le preguntó a la Madre Teresa si podía quedarse. Le dijo que había orado y decidió aceptarlo. Se puso muy contento al escuchar esto, pero le dijo que regresara a su casa y trajera a su esposa con él, pues también podría ayudar. La preocupación principal de la Madre Teresa, era la familia de este doctor. No quería dividir la unión familiar ni siquiera por el bien de los pobres.

La Madre Teresa insistió en la necesidad de la unión, amor, alegría y paz en la vida familiar. Para ilustrar este ejemplo, no titubeó en recordar a su propia familia:

No puedo olvidar a mi madre. Usualmente siempre estaba ocupada durante todo el día, pero mientras se acercaba el anochecer, era su costumbre el apurarse a sus deberes para estar lista y recibir a mi padre.

En aquel tiempo no entendíamos, nos reíamos y hasta bromeábamos sobre este tema. Hoy en día no puedo sino recordar esa gran delicadeza de amor que tenía por él. No importaba que sucediera, siempre estaba preparada con una sonrisa en sus labios para darle la bienvenida.

Hoy en día no tenemos tiempo. Los padres y las madres están tan ocupados que cuando los hijos llegan a casa no son bien recibidos con amor o con una sonrisa. (Neff, p. 252)

Pausa: ¿Le dedicas tiempo a tu padre, madre, marido, esposa, hijos y otros miembros de la familia?

Palabras de la Madre Teresa

La Santidad comienza en casa, amando a Dios y a aquellos que nos rodean para nuestro bienestar. (Madre Teresa, My Life, p. 46)

La familia que ora junta permanece junta. (Madre Teresa, Heart of Joy, p. 37)

Hoy en día hay tantos problemas en el mundo y pienso que muchos de ellos comienzan en casa. El mundo esta sufriendo porque no hay paz. Y no hay paz porque no hay paz en la familia y tenemos miles y miles de hogares destruidos. (Madre Teresa, Life in the Spirit, p. 71)

¡Cuántas veces no se han ido los hijos de su casa porque no hay quien los ame!. Qué tan seguido los mayores de la familia no se encuentran en casa. Y en vez de esto los hijos se encuentran en guarderías porque no hay tiempo para ellos. Los pobres están en su propia casa. ¿Estas consciente de esto? (Madre Teresa, One Heart, p. 21).

Reflexión

La Madre Teresa fue una mujer obstinada en el bienestar de la familia. Consideraba que la unidad de la familia era una creación Sagrada. Nunca dejó de enseñar que "el amor comienza en casa" y "las penas del mundo tienen su origen en la familia" (Madre Teresa, *Heart of Joy*, p.33). También nunca dejó de enseñar que " mucho sufrimiento y desasosiego comienza en la familia. La familia hoy en día se está convirtiendo cada día más en ser menos unida, en no orar juntos, en no compartir la alegría,se esta iniciando la destrucción de la familia" (p. 52).

Sus convicciones sobre la vida familiar los aprendió en los inicios de la doctrina cristiana, así como en su propia familia. Todos los miembros de su familia, especialmente después de la muerte de su padre, estaban unidos y siempre trataban de vivir el uno para el otro, haciéndose felices entre si. Su madre sabía como criar a sus hijos en el amor de Dios y en el amor por los demás. Su madre era una mujer santa que quería hacer a su familia santa.

La Madre Teresa insistió mucho en la dignidad de la mujer, en el importante rol de ser madre y las funciones y vocaciones que Dios ha confiado a la mujer. A la Madre Teresa le gustaba contar la siguiente historia, ilustrando que tan importante puede ser una madre para un hijo:

> El hogar es el lugar donde se encuentra la madre. Una vez recogí a un niño y lo llevé al hogar para niños, lo bañe, limpié sus ropas, le di todo, pero después un día el niño se escapó. Alguien más de nuevo lo encontró, pero volvió a escapar. Entonces le dije a las Hermanas: "por favor sigan a ese niño. Una de ustedes se queda con él y vea a dónde va cuando se escapa". Y el niño se escapo por tercera vez. Ahí debajo de un árbol estaba su madre. Había puesto dos piedras debajo de un pequeño alero y estaba cocinando algo que había recogido de la basura. La hermana le preguntó al niño: ¿porqué escapaste del hogar? y el niño le respondió: "Pero si este es mi hogar porque aquí está mi madre".
>
> La madre estaba ahí. Ese era su hogar. Que la comida la había obtenido de la basura no importaba, estaba bien, porque

su madre la había cocinado. Era la madre quien abrazaba al niño, la madre que quería al niño y el niño que tenía a su madre. "Entre la esposa y el esposo existe este mismo tipo de vínculo". (Madre Teresa, *Life in Spirit*, p. 72-73)

La Madre Teresa estaba convencida de que:

> ¡Alrededor de todo el mundo existe tanto sufrimiento porque la familia está destruida! Es la madre quien protege y defiende la unidad y el amor familiar.
>
> Toda mujer puede ser igual al hombre si tenemos cerebro y si tenemos dinero. Pero ningún hombre puede ser igual a la mujer en el amor y en la habilidad de dar servicio. (Madre Teresa, *My Life*, p. 77)

La Madre Teresa hablaba tenazmente en contra del aborto. "El aborto se ha convertido en el mayor destructor de paz. Porque destruye el amor, destruye la imagen de Dios, la presencia de Dios, la conciencia de la madre". (Madre Teresa, *Loving Jesus*, p. 14). En cualquier momento en que se le invitaba a hablar, les recordaba a todos, que el aborto es un crimen en contra de los niños, mujeres, familia y la vida misma. Inclusive en la ceremonia donde fue premiada con el Nobel de la Paz, condenó el aborto como uno de los más grandes crímenes. Valerosamente siempre dijo lo que era importante para ella, aunque algunas personas dentro de su audiencia pudiesen tener una opinión diferente.

La convicción de la Madre Teresa como defensora de la vida era tan fuerte que abiertamente criticaba la aceptación del aborto de las naciones más poderosas del mundo:

> Es muy doloroso aceptar lo que sucede en los países del oeste: un niño es destruido por el miedo de tener demasiados niños o tener que alimentarlos o tener que educarlos.
>
> Creo que son la gente más pobre de todo el mundo, todos los que actúan de esa manera.
>
> Un niño es un regalo de Dios.
>
> Siento que el país más pobre es aquel que tiene que matar a un niño no nacido para poder tener más cosas materiales y

placeres extras. ¡Tienen miedo de tener que alimentar un niño más! (Madre Teresa, *My Life*, p. 63)

La Madre Teresa concluyó, "La vida pertenece a Dios y no tenemos ningún derecho a destruirla" (Madre Teresa, *Heart of Joy*, p. 66).

Además del amor, comprensión, ayuda mutua y lucha por una unidad continua en la familia, otro instrumento que ayuda para sustentar los lazos familiares muy importante para la Madre Teresa, lo resumió en siete palabras de oro: "La familia que ora unida, permanece unida" (Madre Teresa, *Love in Jesus*, p.14). La oración puede ayudar a crear la casa como otro Nazaret, donde reine el amor, la paz, la alegría, la unidad, la ayuda y el apoyo mutuo.

La Familia Cristiana está llamada a ser imagen de la Santísima Trinidad. La comunión que enlaza a un esposo con su esposa y con sus hijos es un reflejo de la Comunión del Padre con el Hijo y el Espíritu Santo. La afinidad de sentimientos, cariño, preocupaciones e intereses que unen a todos los miembros de la familia, con el propósito de darse unos a otros en el amor de Dios, es un amor de lealtad y compromiso total.En el amor los padres afirman la unidad que crea una nueva vida, para ellos mismos, para sus hijos y para todo aquel que los vea crecer, convirtiéndose en lo mejor de cada uno de ellos, a través del vínculo del amor.

San Pablo dijo: "Cuidado de que nadie pague mal por mal a nadie: procurad siempre el bien mutuo y el de todos. Vivid continuamente alegres, orad sin cesar, dad gracias en toda ocasión. Esta es la voluntad de Dios en Cristo Jesús. No apaguéis el espíritu" (1Tes 5,15-19). Esta es la vocación de los cristianos y especialmente de aquellos que viven el compromiso de la vida familiar. No deben suprimir al Espíritu, sino encontrar al Espíritu que da la vida, que se encuentra en el centro de la unidad. Por lo que también dijo San Pablo: "Por eso mismo me postro de rodillas ante ese Padre, cuyo nombre llevan todas las familias así en los cielos como en la tierra" (Ef. 3:14-15).

La vida familiar es un distintivo dado para practicar la integridad, la confianza, la fidelidad, el cuidado, la ayuda mutua y el crecimiento espiritual y emocional, especialmente para experimentar la revelación y la presencia de Dios. "La Santidad", dijo la Madre Teresa, "se comienza en el hogar". (Madre Teresa, *My Life*, p. 46)

❖ ¿En lo mas profundo de tu vida familiar puedes ver la presencia de Dios entre ustedes? ¿Por qué sí o por qué no?

❖ ¿Ves la santidad como un monopolio de los Papas fieles, Obispos, Sacerdotes, Monjas, Monjes y gente muy especial? ¿Cómo puede extenderse la santidad a la pareja en el matrimonio? ¿Cómo a la familia entera, y a la vida familiar? ¿De qué otra manera la santidad puede ser esfuerzo común en la familia?

❖ ¿Halagas a tu familia en las comidas y en las fiestas normales, como en Navidad y en celebraciones de Cumpleaños? ¿Cómo celebras la Navidad, Cuaresma, Pascua y Pentecostés con tu familia? ¿Participas alegremente en las conversaciones familiares? ¿Se hablan entre si todos los miembros de tu familia? ¿Se escuchan unos a otros? ¿Qué medidas han tomado para mejorar el aspecto de la vida familiar?

❖ ¿Valora tu familia el pasar el tiempo juntos? ¿Cuáles son los momentos para orar con tu familia?

❖ ¿Leen la Sagrada Escritura en tu familia? ¿La meditan, oran?, si es así, ¿quién lee, quién escucha y en qué momento lo hacen?

❖ ¿Qué puedes hacer esta semana para mostrar más amor a tu familia? Haz una lista y actúa en ella; y al final de la semana comprueba su cumplimiento.

❖ Puede que conozcas familias con matrimonios en problemas, con intenciones de divorcio, con embarazos prematuros en jóvenes, situaciones de padres solteros o madres solteras, conflictos entre padres e hijos, enfermedad, drogas, alcohol, de vejez y de muerte. ¿Qué puedes hacer para darle esperanza a una familia en problemas, para que sus miembros se unifiquen y se santifiquen?

❖ ¿Cuándo está la comunicación en tu familia en su mejor momento?

❖ ¿Cómo manejas las diferencias de opinión cuando estas aparecen?

❖ ¿Tiene tu familia un interés común por la paz, la reconciliación, la justicia, por los pobres y los hambrientos? Si es así ¿cómo expresan esa preocupación?

Palabra de Dios

Luego bajó con ellos, y se fue a Nazaret, donde estaba sujeto a ellos. Su madre guardaba todas estas cosas en el corazón. (Lc 2,51)

Por lo cual dejará el hombre a su padre y a su madre y se juntará con su mujer, y los dos serán una sola carne. (Gén 2,24)

Así pues, creó Dios al hombre a su imagen. Sí, los creó a la imagen de Dios: los creo hombre y mujer. Luego los bendijo Dios, y les dijo: "Sed fecundos y multiplicaos, llenad la tierra y conquistadla. Sed señores de los peces del mar, de las aves del cielo y de todos los animales que andan por la tierra." (Gén 1,27-28)

Honra a tu padre y madre, (Mc 10,19) (Cfr Éx 20,12)

Todo reino dividido contra sí mismo queda desolado. Tampoco quedará en pie ninguna ciudad ni ninguna casa dividida contra sí misma. (Mt 12,25)

Oración final:

Amado Dios de alegría,
Dame la gracia para hacer de mi casa otro Nazaret. Donde reine la paz, el amor y la felicidad. Déjame amarte a través del amor que le doy a mi familia.

Permite que mi misión de amor empiece en mi propia casa para luego extenderla a todas aquellas que necesiten de tu amor y de tu gracia. Permite que tu amor penetre primero en mi corazón y después en todos los corazones de aquellos con los que yo tenga contacto.

Permite que mi hogar sea el centro de bondad, compasión y misericordia. Dame la gracia para que todos aquellos que tengan contacto conmigo se vayan más felices y contentos.

Permite que el amor que le he dado a otros, aunque sea de manera limitada, regrese a mí con tu gracia. Permíteme siempre perdonar y concédeme que este perdón regrese a mí y florezca.

Permíteme empezar en el lugar en que me encuentro, con la gente que conozco y deja la lámpara de Tu amor que siempre brille en las ventanas de mi corazón y de mi hogar. Amén. (Egan, *At Prayer*, p. 77)

✧ Meditación 11 ✧

Liderazgo

Tema: Los líderes más efectivos son aquellos que sirven a sus seguidores.

Oración inicial: Dios mío, ayúdame a comprender que el liderazgo no significa que otros hagan lo que digo sino hacer lo que los demás quieren y servir a aquellos que supuestamente me siguen.

Acerca de la Madre Teresa

Cuando Javier Pérez de Cuellar, Secretario General de las Naciones Unidas, presentó a la Madre Teresa a la audiencia de la Asamblea General con las palabras, "Les presento a la mujer más poderosa del mundo" (Le Joly, *Mother Teresa*, p. 29), arrasó con la atención de todos hacia el extraordinario liderazgo de la Madre Teresa.

Además de fundar y liderar a miles de miembros de las Misioneras de la Caridad, a sus colaboradores, y a todo su trabajo en el mundo entero, la Madre Teresa sabía como llegarles para obtener lo que necesitaba para sus pobres. La gente confiaba en ella y ella contactaba a muchos líderes, tanto civiles como religiosos, cuando así lo requería. No le tomó mucho tiempo, por ejemplo, para obtener una casa para los pacientes de Sida en Nueva York. La Madre Teresa entró directamente a las oficinas del Alcalde y Gobernador de Nueva York, y recibió lo que quería. La Madre Teresa telefoneó al Presidente Reagan cuando necesitaba comida para la gente hambrienta de Etiopía. Fue directamente con el Presidente de Bangladesh y lo convenció de intervenir para que ayudara a las hermanas que tenían problemas en ese país. Persuadió a la Reina de España a orar con ella, cuando una casa para las hermanas fue abierta en Madrid. El Papa contaba con sus intervenciones muchas veces.

En una reunión peculiar, esta santa monja católica, tuvo que convencer al Presidente Comunista de Cuba que le permitiera a las hermanas abrir una casa para servir a la gente pobre de ese País. "Bueno aquí, después de la Revolución, la clase de gente pobre ya no existe más", Fidel Castro le informó. La Madre Teresa dijo que estaba muy bien, pero que ella y sus hermanas también servirían a niños y ancianos que hubiesen sido abandonados, a pordioseros, a alcohólicos y a los prisioneros. A eso Castro le respondió: "Ah, bueno, entonces venga, Madre. La Revolución y la gente de Cuba le da la bienvenida". (González-Balado, pp. 119-120).

Su gran amor y su centralidad en Jesucristo, eran tan fundamentales en su vida y liderazgo de esta, "la mujer más poderosa del mundo" que podía ganar al Líder de una Nación, en la cual el ateísmo era su doctrina oficial. El Fr. Edward Le Joly, SJ, quien la conocía desde que empezó con las Misioneras de la Caridad, afirmó lo siguiente:

La Madre Teresa es una mujer con una gran energía, verdaderamente infatigable. Su influencia carismática puede convencer a la gente a que trabaje con ella y lleve sus ideas e ideales. La Madre Teresa tiene todas las cualidades de un líder: decisión, clara dirección, un plan de acción, sentido de la urgencia. La Madre Teresa tiene la capacidad de integrar y formar equipos a su alrededor, para llenarlos de entusiasmo y hacerlos que hagan cosas, que ellos pensaban, que jamás podrían haber sido capaces de hacer. Nunca se retrasa, pospone o posterga. Para su trabajo del Señor, para el servicio de la gente pobre de Dios, tolera pero no retrasa. Estas cualidades no las adquirió, le fueron dadas por Dios para hacerla capaz en el desempeño, de la tarea que le iba a encomendar.

...Sus hermanas la escuchan, levantan su mirada al verla y aceptan lo que ella diga en el Espíritu de Fe.

Tiene una sola aspiración y propósito: Procurar la gloria de Jesús a través de la santificación de tantas personas como sea posible. Jesús es primero, todo es para él: "Lo hacemos por Jesús", esto resume toda su actividad. Lo hacemos por Jesús, con Jesús, para Jesús, y en Jesús. Lo vemos en nuestro necesitado vecindario. Debemos amar como Jesús lo hizo. Primordialmente sin medida, sin tener en mente otra cosa y sin el deseo de recompensa". (Le Joly, *Mother Teresa*, p. 80)

Pausa: ¿Cuándo tu tengas la oportunidad de ser un líder, cómo llevarías a cabo esta tarea?

Palabras de la Madre Teresa

La formación será dada no por palabras sino por un ejemplo viviente de aquellos a cargo de la formación, como también de aquellos que están a cargo de la comunidad; también con la oración, el sacrificio y el verdadero interés personal para preparar el camino hacia el Señor en sus vidas. (Madre Teresa, *Jesus*, p. 115)

No decimos sino lo que Dios nos dice que digamos y hagamos. (Madre Teresa, *Life in the Spirit*, p. 20)

Nosotras (la Madre Teresa y sus Hermanas) no intentamos imponer nuestra fe en otros. Sólo esperamos que Cristo los alcance con su luz y su vida por medio de nosotras en su mundo de miseria. Esperamos de los pobres, no importa cuales sean sus creencias, el sentirse atraídos hacia Cristo al vernos y que nos inviten a acercarnos a ellos para entrar en sus vidas (Madre Teresa, *Heart of Joy*, p. 46).

Reflexión

Todas las cualidades propias de un líder en el mundo – tal como el poder, la riqueza, la fama, la mente hábil, la política, la educación y las conexiones – no necesariamente hacen a un cristiano líder. Todas estas cosas pueden inclusive ser irrelevantes.

El primer requerimiento para que un Cristiano sea líder, es paradójico porque debe permitir ser guiado en vez de guiar. Un líder cristiano debe ser pobre en espíritu, abierto a Dios, vulnerable y deseoso de ser instrumento del Señor para otros. Un líder Cristiano esta interesado en atraer a otros hacia Dios, no hacia ellos o hacia ellas. Siendo popular, cotizándose al mejor postor y hasta efectuando los ritos y ceremonias más hermosos no son de primera importancia, lo que viene primero es la calidad de la respuesta a Jesucristo, "¿Me amas?" (Jn 21,15-17). Jesús le repetía esta pregunta a Pedro, el primer líder de la Iglesia. Tres veces porque apunta a la cualidad más relevante que hace a un Cristiano, un buen líder. Si la respuesta es sí, entonces Jesucristo dirige a su líder para que atienda y alimente a sus ovejas y corderos – para nosotros, eso quiere decir construyendo hospitales, haciéndose cargo de los pobres y moribundos, y todos los otros actos de misericordia.

La Madre Teresa hizo todas esas cosas. Cualquier cosa que hiciese por otros lo hacia por Jesucristo. Estaba convencida de que Jesucristo quería que fuésemos fieles antes que ser triunfadores.

Con esta actitud en la mente, corazón y acción un líder cristiano no puede fallar porque Dios no puede fallar. Un líder cristiano cede al mandato de Dios.

La Madre Teresa, la pequeña y pobre monja, que no era cabeza de estado, que no tenía dinero, ni castillos, ni credenciales valiosas de cualquier tipo, alcanzó un punto eminente en el liderazgo. ¿Por qué? Porque se convirtió en sirviente modelo, siendo el verdadero resumen del mensaje de Jesucristo. Para ser el primero y más grande uno tiene que estar al servicio de los demás. Porque la Madre Teresa tomó el sitio más bajo en la fiesta, Dios la exaltó a un sitio de liderazgo de muy alta estima—esta posición no se puede ganar ni aprender, sólo se puede recibir de alguien allá arriba.

La Madre Teresa estaba siempre abierta a la inspiración de Dios y siempre lista a obedecer su voluntad. Cuando estaba viajando por tren a Darjeeling para un retiro espiritual y recibió su llamado especial "un llamado dentro de otro llamado", percibió la voluntad de Dios y obedeció. La madre Teresa como muchos otros grandes líderes que reconocen sus propias limitaciones, debilidades e incapacidades miraba constantemente a Dios para sus respuestas y soluciones. Ella estaba cerca del que alguna vez dijo, "Separados de mí no podréis hacer ninguna cosa" (Jn 15,5), y de quien San Pablo dijo: "todo lo puedo en el que me da fuerzas" (Filp 4,13). La Madre Teresa dijo: "La cosa más importante en mi vida ha sido mi encuentro con Jesucristo: El es mi apoyo" (Madre Teresa, *Heart of Joy*, p. 46) Con este tipo de fe, ella podía mover montañas (Cfr Mt 17,20-21).

También un líder cristiano puede convencer a otros de la Palabra de Dios predicando o solamente viviéndola. Eso es lo que algunos cristianos han llamado predicar sin predicar. Aunque muy seguido hablaba ante audiencias muy numerosas – todo tipo de audiencias, profesores, líderes políticos y espirituales incluidos. La Madre Teresa estaba convencida que el predicar con el ejemplo era la mejor manera de atraer a la gente hacia Jesús. La Madre Teresa mostró mejor sus convicciones con el modelo de su propia vida. Era sincera consigo misma todo el tiempo. Ser así de genuino como ella, puede ayudar a un líder Cristiano a atraer seguidores. Casi siempre cuando uno no busca la popularidad, uno se puede convertir en inmensamente popular.

La gente genuina no lidera por la fuerza, ni siquiera por persuasión. La gente genuina lidera sólo siendo verdadera, confiable, y auténtica. Exhiben nuevas posibilidades; fomentan nuevos y prometedores sueños; crean cambios con su ejemplo; y hacen que otros quieran alcanzar cosas superiores. En presencia de este tipo de líder uno verdaderamente se inspira y la gente se transforma.

La Madre Teresa sabía cómo llegar a la mente humana. Nunca pensó en intentar luchar por un cambio de leyes. La Madre Teresa fue más a fondo queriendo cambiar la conciencia de la gente, sus mentes y sus corazones. Su intención fue cambiar a la gente que hacen y cambian las leyes. Entonces, las leyes y sus prácticas serían más justas y más humanas. Un líder como éste es el que hace la diferencia y la Madre Teresa sí hizo la diferencia.

Los líderes cristianos deben de ser gente de Dios primero. Claro está, deben hacer una gran contribución en encontrar soluciones para problemas individuales y sociales, conflictos familiares, calamidades nacionales y cualquier otro tipo de tensiones, nacionales o internacionales. Pero primero que todo y antes que todo, son llamados a dejar que la voz de Dios sea escuchada por la gente, para que la gente sea consolada, pueda ser reconfortada y pueda crecer en el amor. El liderazgo de poder y control entonces cederá al liderazgo sin autoridad, con humildad y vulnerabilidad, donde Jesucristo se convierte en la causa original y final de todas las cosas que hacemos y el amor se convierte en la única política. Un verdadero líder es una persona que en verdad sabe dar amor. La Madre Teresa fue llevada por la pasión de Dios y por todos los seres humanos. La Madre Teresa fue un verdadero líder.

✧ ¿Si Jesucristo te mirara a los ojos en este momento y te preguntara lo que le pregunto a Pedro. " ¿Me amas?" ¿Cuál sería tu respuesta sincera? ¿Cómo puede tu amor por Jesucristo ser un signo de liderazgo?

✧ El éxito real de una persona puede ser el resultado directo de la obediencia a Dios. ¿Sientes que la voluntad y caminos de Dios están claros en tu vida? Cuando la voluntad de Dios esta clara en tu vida, tratas de tomar el rol de líder en tu familia, lugar de trabajo y comunidad?

✧ Cuándo crees que estas siguiendo la voluntad de Dios, ¿te sientes entusiasmado? ¡Lleno de alegría!, ¿con confianza?, ¿con esperanza? ¿Te sientes reacio a seguirla? ¿Más amoroso? ¿Por qué? Escribe un poema o crea una pieza de arte musical o pintura o escultura que exprese tu sentimiento o sentimientos.

✧ Nuestras escogencias no sólo afectan sino también infectan todo lo que nos rodea. Muchos de nosotros convertimos en objeto de adoración cosas equivocadas tales como- dinero, poder, placeres, fama, uno mismo u otras personas- ¿Has pensado alguna vez en que tan correcta es tu escogencia? ¿Permites que el Señor te guíe en medio de las subidas y bajadas de tu vida?

✧ ¿En qué áreas puede la Madre Teresa ser tu heroína, el rol modelo, tu líder, o tu esperanza para el futuro? ¿Cuál de las siguientes características de esta mujer, de diferente y poco común poder, ha impresionado mas tu corazón, tu mente y tu alma?: su constante obediencia, su constancia, su piedad o su determinación de seguir a Jesús?

✧ ¿Puedes nombrar un autor espiritual o un líder espiritual que te haya impresionado? ¿Cómo te ha influenciado esa persona?

✧ Escucha las palabras del Señor:

No tengas miedo, pues te he redimido.
Yo te llamé por tu nombre, y tú eres mío.

Si tienes que pasar por el agua, yo estaré contigo,
si tienes que cruzar ríos, no te ahogarás,

si tienes que pasar por el fuego
no te quemarás,
las llamas no arderán en ti.

(Is 43,1-2)

¿Te sientes a gusto dándole la conducción de tu vida a Dios? ¿Recuerdas algún evento donde hayas sentido que te estas hundiendo o te estas "quemando"? Dios se ha ofrecido a ayudarte; considera en pedirle a Dios que te guíe en ese momento o por el recuerdo de tal situación. Quizás quieras escribir el diálogo con Dios sobre esto.

❖ ¿Conoces tus capacidades y tus dones? ¿En que capacidad o habilidad tuya se reflejan mas? ¿Cuáles son? ¿Qué cosas grandes o pequeñas te gusta hacer? ¿ Puedes tocar una vida con tu talento? ¿Te sientes capaz de llevar alguien a Dios a través de tus palabras y especialmente por tus acciones? ¿Cómo?

Palabra de Dios

Pero entre ustedes no debe ser así. Al contrario, el que entre ustedes quiera ser grande, deberá servir a los demás. (Mt 20,26)

Yo soy el Buen Pastor. El buen pastor da la vida por sus ovejas. (Jn 10,11)

Donde no hay dirección sabia, el pueblo se arruina; mas cuando los consejeros son muchos, es más seguro. (Prov 11,14)

Oración final: "Señor, tú sabes todas las cosas; tú sabes ciertamente que yo te amo" (Jn 21,17). Y guiado por tu luz, te pido que me ayudes a extender tu amor a todos mis hermanos y hermanas y que devotamente los pueda servir, para que sean atraídos más cerca de tu corazón.

✦ Meditación 12 ✦

Pacificador

Tema: Entre mas cerca estemos de Cristo más cerca experimentaremos la paz dentro de nosotros, alrededor de nosotros y más haya de nosotros. "Encuentra a Jesús y encontrarás la Paz". (Madre Teresa, *Jesus*, p. 63), dijo la Madre Teresa.

Oración inicial: Atráeme Señor, cada vez más cerca y cerca de tu corazón. Porque yo sé que la paz verdadera es el fruto de mi cercanía contigo. Te amo Señor y amo a mis semejantes, no importa quienes son y que hacen.

Acerca de la Madre Teresa

En enero de 1991, la Madre Teresa escribió a los presidentes George Bush de los Estados Unidos y a Saddam Husein de Iraq, Con la esperanza de que cambiaran de parecer y no se fuesen a la guerra:

> Le escribo con lágrimas en mis ojos y con el amor de Dios en mi corazón, le imploro... con todo mi corazón que no escatime esfuerzos en favor de la paz de Dios y se reconcilien entre ustedes.
> ... Usted tiene la capacidad y la fuerza para destruir la presencia e imagen de Dios en sus hombres, en sus mujeres y en sus niños. Escuche, por favor, la voz de Dios. Dios nos ha creado para que nos amemos unos a otros con su amor y no para destruirnos con nuestros odios...
> Le suplico... en nombre de aquellos que serán privados del don más precioso que Dios nos ha dado: la vida. Le ruego que salve a nuestros hermanos y hermanas, suyos y nuestros, porque Dios

nos los ha dado para que los amemos y los cuidemos. No tenemos el derecho de destruir lo que Dios nos ha dado. Por favor, por favor: permita que su inteligencia sea la inteligencia y voluntad de Dios. Usted tiene la capacidad de traer la guerra al mundo y de hacer la paz. Por favor, escoja el camino de la Paz. (González-Balado, p. 102-104)

Pausa: Reflexiona en qué puedes contribuir por la paz del mundo.

Palabras de la Madre Teresa

Seamos todos instrumentos de paz, de amor, y de compasión. (Madre Teresa, *Heart of Joy*, p. 29)

La paz y la guerra comienzan en nuestro propio hogar. Si realmente queremos paz en el mundo empecemos a amarnos unos a otros en nuestras familias. (Madre Teresa, *Heart of Joy*, p. 90)

No usemos bombas y armas para salvar al mundo. Usemos el amor y la compasión. La paz comienza con una sonrisa – sonríe cinco veces al día a alguien que no te gustaría sonreírle para nada- hazlo por la paz. Así que, irradiemos la paz de Dios prendamos su luz y extingamos en el mundo y en los corazones de todos los hombres el odio y el amor por el poder. (Madre Teresa, *Life in the Spirit*, p. 85)

Reflexión

El 17 de octubre de 1979 fue un día muy interesante y especial en la vida de la Madre Teresa. En ese día, la noticia de que se había ganado el premio Nobel de la Paz se extendió muy rápidamente a todos los rincones del mundo. Y muchos que no conocían a esta ordinaria mujer empezaron a darse cuenta de que tan extraordinaria era.

El comité de Noruega aplaudió a la Madre Teresa, no sólo por que su trabajo era digno de ese premio, sino porque al recibirlo ella le daba el honor al premio. Sobra decir que la cantidad entera del dinero que viene con el premio fue directamente a los pobres.

Otro grandioso día fue el 26 de Octubre de 1985, cuando la Madre Teresa fue a las Naciones Unidas. Fue presentada por el Secretario General Javier Pérez de Cuellar como la Mujer mas poderosa del mundo. También dijo: "¡La Madre Teresa es las Naciones Unidas y es la Paz del Mundo!" (González-Balado p. 98). Pero la Madre Teresa rápidamente se centró en su misión, sugiriendo que la asamblea diera gracias a Dios por permitir a las Naciones Unidas hacer su trabajo por la paz y señaló que el aborto destruye la paz

Una amistad espiritual se desarrolló entre la Madre Teresa y el Papa Juan Pablo II. En varias ocasiones el Papa le pidió que contribuyera en sus campañas de paz, oración, santidad de la familia, el derecho a la vida de los niños no nacidos y la unión de todos los Cristianos. La Madre Teresa estuvo contenta de contribuir a todo eso.

Aunque todos estos eventos eran un gran trabajo por la paz, su contribución favorita fue su diario trabajo por los pobres, los hambrientos y los moribundos. Estaba completamente convencida que lo que ella hacia por los demás era al mismo tiempo un trabajo por la paz. Lo dijo muy claramente de esta forma: "Nuestros trabajos de amor no son otra cosa que los trabajos por la paz" (Madre Teresa, *Life in the Spirit*, p. 85).

El ejemplo y el objetivo en todas las acciones de la Madre Teresa fue Jesucristo. Jesucristo destruyó el muro de la hostilidad entre Judíos y Gentiles. Y al hacerlo, también abolió las barreras ideológicas, nacionalistas y militares entre las naciones, así como las barreras raciales, económicas, sociales y de toda clase entre los individuos. San Pablo nos recuerda: "Ya no hay judío y griego, ya no hay libre y esclavo, ya no hay hombre y mujer: todos vosotros sois un solo ser en Cristo Jesús". (Gál 3,28).

También la Madre Teresa cuidaba de todos sin importar sus creencias, raza, nacionalidad y posición social. Ella trató a todas las personas como hijos de Dios, vio a Jesucristo en cada una de ellas y vio a todos como a Jesucristo mismo. Mas aún, Jesucristo no es algo añadido a nuestro humanismo. Jesucristo por virtud de la Encarnación, se hizo humano y esta en cada uno de nosotros. Cuando la ley de Cristo es nuestra Ley, la paz no solamente es posible sino cierta. La ley de Cristo es la Ley de paz.

✧ Jesús ordenó "ama a tus enemigos" (Lc 6,27). ¿Es posible obedecer ese mandamiento cuando existe una guerra entre un país y otro o cuando existe enemistad entre tú y otra persona?

✧ ¿Tienes enemigos? Si así es, ¿quiénes son? ¿Cómo actúas ante ellos?

✧ ¿Piensas que las guerras son el resultado de causas sociales, económicas, sicologías o espirituales? Da razones para tu respuesta.

✧ Compara los siete pecados capitales (orgullo, codicia, lujuria, ira, gula, envidia y pereza) con las siete virtudes (fe, esperanza, amor, prudencia, justicia, templanza y fortaleza). ¿Cómo esos pecados y virtudes afectan tu trabajo hacia la paz entre tú y los demás?

✧ Escoge un país del que no conoces nada. Ve a la librería o internet y aprende todo sobre ese país. Y cuéntale a tu familia y amigos lo que has descubierto. Se tú el buen embajador de ese país por algún tiempo.

✧ ¿Cómo puedes afectar positivamente a alguien el día de hoy?

✧ Por una o dos semanas, encuentra cosas positivas para hacer por los demás. Hazlas por amor, sin esperar nada a cambio. Visita a alguien que esté enfermo, llama a alguien que esté solo. Dale de comer a alguien que esté hambriento, escríbele una carta a un amigo olvidado. Haz por lo menos una de estas cosas cada día.

✧ Lée Mateo 25,31-46. ¿Cómo ésta lectura te puede ayudar para hacer la paz con otros?

✧ Repite la frase "La paz sea contigo", muchas veces. Trata de hacerlo como un saludo usual cuando saludes o te despidas de otros.

Palabra de Dios

Os dejo la paz, os doy mi paz. No os la doy como la da el mundo. Que vuestro corazón no se inquiete, ni se acobarde. (Jn 14,27)

Que en vuestros corazones reine la paz de Cristo, esa paz a que habéis sido llamados, formando un solo cuerpo. Sed agradecidos. (Col 3,15)

Oración final: Dios mío, deja que la copa de violencia, angustia, desolación e incertidumbre se aleje de mí. No permitas que engañe a otros, sino bendíceme con tus dones de la verdad, alegría, amor y paz. Manténme cerca de ti y entonces estaré cerca de otros. Tú eres mi paz.

✧ Meditación 13 ✧

Instrumento

Tema: Ser "un lápiz" en las manos de Dios (González-Balado, p. 23), como la Madre Teresa se llamaba así misma, es, en la vida Cristiana, un acto total de entrega a Dios.

Oración inicial:
Señor, hazme instrumento de tu paz;
Que donde haya odio, siembre yo amor;
   Que donde haya ofensa, ponga yo perdón;
   que donde haya duda, ponga yo fe;
   que donde haya desesperación, ponga yo esperanza;
   que donde haya oscuridad, ponga yo luz;
   que donde haya tristeza, ponga yo alegría.
Oh divino Maestro, concédeme que no busque tanto
   ser consolado, sino consolar;
   ser comprendido, sino comprender;
   ser amado, sino amar.
Por que es en el dar donde recibimos;
   es en el perdonar donde somos perdonados;
   es en el morir donde nacemos a la vida eterna.

(Neff, p. 58)

Esta oración de san Francisco fue incorporada a las oraciones diarias de las Misioneras de la Caridad y repetido muy a menudo en las audiencias a las cuales la Madre Teresa fue invitada a hablar.

106

Acerca de la Madre Teresa

La Madre Teresa amaba la siguiente oración, escrita por John Henry Newman, un Cardenal y Teólogo ingles del siglo XIX. Las Misioneras de la Caridad la rezaban juntas después de cada misa.

Dios mío, ayúdame a esparcir tu fragancia donde quiera que vaya. Inunda mi alma con tu Espíritu y Vida. Penetra y posee todo mi ser para que toda mi vida sea solamente un reflejo de la tuya.

Brilla a través de mí, para que cada alma que esté en contacto conmigo pueda sentir tu presencia en mi alma. ¡Deja que me miren y no me vean a mí, sino solamente a ti, Oh Señor! Quédate conmigo y empezaré a brillar como tú; para ser luz para los demás. La luz, Oh Señor, será sólo tuya; nada será mía; serás tu brillando en otros a través de mí. Déjame alabarte en la forma que tu mas quieras, brillando en aquellos que me rodean.

Déjame predicar sin predicar, no con palabras, sino con el ejemplo, con tu fuerza que atrae, con la influencia de mi alma compasiva en todo lo que haga, con la evidencia plena del amor que mi corazón tiene por ti. Amen. (Neff, p. 91)

La Madre Teresa no predicó muy seguido acerca de Jesucristo. Su vida era el mejor mensaje, porque ella vivía de tal forma que les recordaba Cristo a los demás. Viendo su forma de vida, uno es llevado a Cristo.Esto nos lo mostró cuando ella dijo, "Aquellos que nos vean verán a Cristo en nosotros" (p. 95). Ella ilustraba su creencia con la historia de un hombre que fue profundamente transformado al ser tocado en su ser por las hermanas:

Cierto día, recogimos a un hombre en la calle, que se veía como una persona honorable. Estaba completamente ebrio. ¡Ni siquiera se podía levantar de lo embriagado que se encontraba!.

Lo llevamos a nuestro hogar. Las hermanas lo trataron con mucho amor, con mucho cuidado y con mucha amabilidad.

Después de la pesada noche, él les dijo a las hermanas, "hermanas, mi corazón esta abierto. A través de ustedes me he dado cuenta que Dios me ama. He sentido su tierno amor por mí. Quiero irme a casa. Y lo ayudamos a arreglarse para que se fuera a su casa.

Después de un mes, regreso a nuestro hogar y les dio a las hermanas el cheque de su primer sueldo. Y le dijo a las hermanas: "Hagan a otros lo que han hecho conmigo". Y se fue como una persona totalmente diferente. (p. 100)

Pausa: ¿Cómo puede saber la gente si alguien es discípulo de Cristo? ¿Puede la gente saber que tu eres seguidor de Cristo con sólo ver la forma en que vives?

Palabras de la Madre Teresa

Nuestro trabajo es el trabajo de Cristo, así que tenemos que ser sus instrumentos, cumplir nuestro pequeño trabajo y desaparecer. (Neff, p. 95)

Hemos sido sus instrumentos predicando la Palabra de Dios a los pobres, a los abandonados, a los desconsolados, a los que están solos, en todas las Naciones. Indignas como somos, Dios nos ha utilizado para hacerlo conocer y amar por este inconsciente mundo. (Neff, p. 98)

Una Misionera de la Caridad es una mensajera del amor de Dios, una lámpara viva que ofrece su luz a todos. (Neff, p. 94)

Reflexión

Una vez que alguien ha decidido seguir a Cristo, aceptando completamente la pobreza evangélica, todos los que así lo hacen, extienden la presencia de Cristo al continuar su labor con lo pobres. Se convierten en instrumentos a través de los cuales Cristo trabaja en este mundo, haciendo como Él dice: "Os he puesto el ejemplo para que también vosotros hagáis lo que os he hecho a vosotros" (Jn 13,15) y "Así como Yo os he amado para que vosotros también os améis mutuamente" (Jn 13,34). Este amor, esta unión y comunión con Cristo, hizo tan real el concepto de ser instrumento de Dios en la vida de la Madre Teresa que ella pudo declarar:

> Yo no hago nada por mí misma. Él lo hace todo.
> Por eso soy lo que soy, el lápiz de Dios. Un pedacito de lápiz con el cual Él escribe lo que Él quiere. (Madre Teresa, *My Life*, p. 101-102)

La Madre Teresa insistió en que Jesús la guió y actuó a través de ella, porque la gente sólo son "mensajeros del amor de Dios" (p. 14). Sabía en su corazón que "Dios escribe a través de nosotros y a pesar de que seamos instrumentos imperfectos, El escribe preciosamente" (p. 102).

Consciente de su rol como instrumento de Dios, la Madre Teresa siempre fue franca, directa y contundente, algunas veces hasta el punto de sorprender y sacudir a su audiencia, aunque su audiencia incluyera líderes mundiales. Una vez declaró en las Naciones Unidas con fuerza y sin temor ni duda: "Cuando destruimos a un niño no nacido, destruimos a Dios. Tenemos miedo de una guerra nuclear, tenemos miedo de esta nueva enfermedad (Sida) pero no tenemos miedo de matar a un pequeño niño. El aborto se ha convertido en el más grande destructor de la paz" (Le Joly, *Mother Teresa*, p. 31).

Reconociendo el carisma de la Madre Teresa, el Papa Juan Pablo II la invitó a ser embajadora para que hablara abiertamente proclamando la buena nueva; defendiendo la verdad; defendiendo el derecho de conciencia, fe, justicia, servicio y alabanza; y predicando la cruzada de la familia y la paz por el mundo. El Papa también hizo pleno uso de la influencia de la Madre Teresa en la gente para avanzar sus campañas de paz, de respeto y santidad por la vida y la familia, por la oración, por la unión de todos los Cristianos y por la renovación de los valores de los Evangelios.

La Madre Teresa también se vio como instrumento en otro sentido. No quería ser una recaudadora de fondos, implorando a los ricos para que le dieran dinero para los pobres. La Madre Teresa quería dar "la oportunidad a la gente de amar a otros" (Madre Teresa, *My Life*, p. 36).

"Cristo me usa", dijo ella, "como un instrumento para ponerte en contacto con sus pobres" (Madre Teresa, *Heart of Joy*, p. 116).

Dios utiliza gente con amor para santificar al mundo. El humilde y pobre de Espíritu es el instrumento que más utiliza el Señor para la construcción del reino de Dios. La Madre Teresa hacía grandes cosas porque era solamente "el lápiz de Dios". Dios la hizo una figura mundial.

✦ ¿Pregúntate a ti mismo, "soy una luz oscura, una luz falsa, un bombilla sin conexión, sin corriente y por lo tanto no alumbro"? (Neff, p.93) ¿Por qué sí o por qué no?

✦ Jesús dijo, "Que brille así vuestra luz ante los hombres, para que vean vuestras buenas obras y den gloria a vuestro Padre que está en los cielos." (Mt 5,16). ¿Qué pasos debes seguir para poder brillar ante la gente de tal forma que los ayudes a glorificar a Dios por lo que eres?

✦ Considera el don de ser mensajero de Dios.

✦ ¿Qué reacciones experimentas con ese don – alegría?, gratitud?, preocupación?, miedo? rebelión?, paz?, amor? Comparte estas reacciones con Dios en una oración. Trata de que tu oración sea una relación con Dios en vez de que sea solamente una reflexión de Dios.

✦ San Juan Bautista dijo, "Es necesario que Él (Jesús) crezca y yo venga a menos" (Jn 3,30). Haz una lista de circunstancias importantes, que le permitan a Jesucristo crecer y a ti decrecer en tu propia vida.

✦ ¿Qué significa la identificación de Jesucristo en los otros? ¿Cómo utiliza el Señor a otros como instrumentos para tu crecimiento espiritual? ¿Cómo puedes mejorar tu identificación con los demás?

✦ Todo – Dios, gente, mascotas, carros, casas y demás – solamente por ser, son una manifestación. Dios se manifiesta a través de la belleza de la naturaleza. ¿Cómo se manifiesta Dios a través de ti? ¿Cuál es tu propia manifestación? ¿Qué deseas decir a otros por la forma en que vives?

✦ Repite varias veces, "Soy el lápiz del Señor".

Palabra de Dios

Vosotros sois la luz del mundo. Una ciudad edificada sobre una montaña no puede ocultarse. Tampoco encienden una lámpara y la ponen debajo del cuarterón, sino en el candelero: así alumbra a todos los que están en la casa. Que brille así vuestra luz ante los hombres, para que vean vuestras buenas obras y den gloria a vuestro Padre que está en los cielos. (Mt 5,14-16)

Yo soy la vid y vosotros sois los sarmientos. (Jn 15,5)

Somos, pues, nosotros unos embajadores de Cristo, ya que es Dios quien os exhorta por medio de nosotros. (2Cor 5,20)

Oración final:

No soy más que un instrumento de tu voluntad,
   Un instrumento de tu paz,
   un conducto de tu amor,
 Dios mío.

Tráeme siempre al lugar de la necesidad,
 y dirígeme siempre al lugar que desees.

Permanece conmigo, Dios mío, así como lo hiciste con tu Hijo y permite que el amor de Jesucristo brille a través de mí.

Amén.

Devoción a María

Tema: "[María] puede ayudarnos a amar a Jesús en mejor forma ; ella es la que nos puede mostrar el camino más corto a Jesús". (Neff, p. 112)

Oración inicial: María, madre de Dios, abrázanos con tus brazos cariñosos y protégenos en tu gracia. Enséñanos cómo vivir la voluntad de Dios en humilde obediencia. Permanece con nosotros mientras nosotros servimos a aquellos que llevan el rostro de tu hijo en nuestro mundo.

Acerca de la Madre Teresa

La Madre Teresa tenía, por nuestra Señora, una profunda confianza y afecto, y una gran devoción. Pero en ninguna forma esa devoción fue un sustituto para su completa entrega a Cristo. Al contrario, reforzaba su relación con Cristo. La Madre Teresa le rezaba a María lo siguiente:

> Reina del Santísimo Rosario, en estos tiempos mundanos de indiferencia, muestra tu poder con los signos de tus pasadas victorias, y desde tu trono, desde el cual tu dispensas perdón y gracias, misericordiosa consideración de la Iglesia de tu Hijo. Apresura la hora de misericordia y para mí que soy la más pequeña de todos los seres humanos, postrándome ante ti en oración, obtenme la gracia que necesito para vivir rectamente en la tierra. En compañía de todos los fieles cristianos alrede-

dor del mundo, te saludo y te aclamo como reina del Santísimo
Rosario. Amén. (Egan, *At Prayer*, p. 83)

Desde el comienzo, las Misioneras de la Caridad, por recomendación de la Madre Teresa oraban constantemente a la Madre de Dios.
Colocaban cuadros del Corazón Inmaculado de María o la Imagen
de María en cada una de las capillas y de las casas. La Madre Teresa
dijo: "Se extienden por toda Calcuta con el Rosario en la mano. Esa
es nuestra forma de rezar con el rosario, en las calles; no llegamos
a la gente sin rezar; el rosario ha sido nuestra fuerza y protección"
(Madre Teresa, *My Life*, p. 43). También dijo: "Ahora me dicen que
el tiempo que se toman para llegar a diferentes lugares es por el
número de rosarios que pueden rezar. Cuando rezan al caminar la
gente las ve y las respeta" (Egan, *At Prayer*, p. 83).

El rosario es un instrumento poderoso para cambiar a la gente,
como se escribió en la historia verdadera titulada "Un Regalo de
la Mujer de Blanco", por Barbara Bartocci. Bartocci escribe que un
hombre al que ella llama Jim, una vez se encontró en un avión con la
Madre Teresa y otra monja. Mientras los pasajeros se acomodaban,
la Madre Teresa y su compañera, empezaron a rezar el rosario. Por
alguna razón Jim, un católico, sólo de nombre, se encontró rezando
con ellas; la Madre Teresa se volteó a mirarlo y Jim estaba inmerso
en una poderosa sensación de paz. "Joven", le dijo la Madre Teresa,
¿rezas el rosario con frecuencia? "No, realmente no", admitió Jim.
Ella le puso el rosario en sus manos y le dijo con una sonrisa, "Bueno,
ahora si lo harás".

Meses más tarde, Jim y su esposa Ruth se enteraron de que a una
amiga se le había diagnosticado cáncer de ovario. Jim le dio a su
amiga el rosario de la Madre Teresa y le contó de cómo se lo había
regalado. "Quédate con él, Connie", le dijo. "Te puede ayudar".
Después de un año de cirugías, quimioterapia y oración, Connie le
regresó el rosario a Jim. Su cara resplandecía cuando le dijo: "¡El
tumor desapareció completamente!"

Varios años después la hermana de Ruth, Liz, sufrió un divorcio
y entonces una profunda depresión. Un día le preguntó a Jim si le
podía prestar su rosario. Lo colocó en una pequeña bolsa violeta y
la colgó a un lado de su cabecera. En la noche, ella simplemente
sostenía entre sus manos el rosario. "Estaba tan sola y tan asustada",
dijo ella más tarde. "Pero cuando tomaba el rosario sentía como si

sugetara una mano llena de amor". Eventualmente Liz se recupero y le regresó el rosario a Jim, explicándole, "Alguien más lo puede necesitar".

Una noche, no mucho después de esto, Ruth recibió un llamado de una mujer desconocida. Esta mujer había escuchado sobre el rosario por un vecino y se preguntaba si el rosario podría ayudar a su madre, quien estaba en estado de coma, a morir en paz. Cuando la mujer regresó el rosario unos días más tarde, describió como el semblante de su madre se había relajado, después de que le contó acerca del rosario y se lo colocó en su mano. "Unos minutos después", la mujer dijo, "se había ido".

Bartocci pregunta: "¿Existirá un poder especial en esas humildes cuentas? ¿O es el poder del espíritu humano que simplemente se renueva en cada persona que tomó prestado el rosario?" Bartocci dice: "Jim solamente sabe que las peticiones siguen llegando inesperadamente y muy seguido. Y el siempre lo da a quien necesite el rosario, y él les dice, "Cuando termines de usarlo, por favor dámelo de regreso pues alguien más puede necesitarlo".

Bartocci explica que Jim también ha cambiado desde que conoció a la Madre Teresa. El descubrió que ella lleva consigo, en una pequeña bolsa, todo lo que posee, y que ahora él piensa en como simplificar su propia vida, y esto es lo que dice "Trato de recordar lo que verdaderamente vale – ni el dinero, ni los títulos ni las posesiones, pero si la manera en que se ama a otros".

Pausa: ¿Tiene la devoción a María un lugar en tu vida?

Palabras de la Madre Teresa

El Magníficat es la oración para dar gracias a Nuestra Señora. María nos puede ayudar a amar a Jesús de una mejor forma, ella es al que nos puede enseñar el camino más corto para llegar a Jesús. María fue quien, por su intercesión, llevó a Jesús a realizar el primer milagro. "No tienen vino" le dijo a Jesús. "Hagan todo lo que Él les indique", les dijo María a los sirvientes. Nosotros tomamos el lugar de los sirvientes. Dejémonos llevar por ella con gran amor y confianza. Estamos sirviendo a Jesús en la oculta apariencia del pobre. (Neff, p. 112)

A la gente le gusta ver a las hermanas acompañadas por María, con el rosario en la mano, siempre dispuestas a llevar la Buena Nueva. (Neff, p. 108)

Reflexión

La Madre Teresa vio a María como un modelo de entrega a la voluntad de Dios. El sí, que le dio María al Ángel Gabriel, es una profunda lección de obediencia a Dios—la forma de escuchar y la forma de amar. También María es un modelo de la pobreza, humildad, amabilidad, meditación y caridad de Jesús. La Madre Teresa dijo:

Nadie ha aprendido tan bien la lección de la humildad como María lo hizo. María, siendo la sierva del Señor, estaba completamente vacía de ella misma y Dios la llenó con su divina Gracia. "Llena de gracia" significa llena de Dios. Una sierva es la que está siempre a la disposición de alguien, en cualquier momento, con absoluta confianza y alegría, para pertenecer a alguien sin reserva. Esto es algo que debe tener presente nuestra sociedad. Total rendición, para estar a la disposición de Dios, para ser utilizado como Dios lo desee, para ser su sierva y pertenecer a Él. (Neff, p. 104)

Nadie a amado a Jesús como lo hizo su Madre. María es un ejemplo para todos aquellos que quieren amar; su amor fue personal, íntimo, comprensivo, confiable, generoso y meditativo. María es un buen modelo para los contemplativos que permanecen en el mundo, como la Madre Teresa y las Misioneras de la Caridad. Por esa razón uno puede entender y esperar que una devoción a María, debe ser una parte esencial de su espiritualidad.

María tenía un amable interés por los anfitriones en las Bodas de Cana. Mostró una gran sensibilidad y cuidado, llevando a Jesús para que manifestara su poder.

María es un ejemplo de servicio. Antes de que se le pidiera, fue a ayudar a su prima Isabel con su bebé.

María era "la más hermosa entre todas las mujeres, la más grandiosa, la más humilde, la más pura, la más santa", "la llena de gracia" y "la causa de nuestra alegría" (Neff, pp. 106-107). "María en el misterio de su anunciación y su visitación es el verdadero modelo de vida a seguir, porque primero recibió a Jesús en su vida, después fue a visitar de inmediato a su prima Isabel; pues lo que había recibido tenía que darlo. Debemos de ser como María: dar con prontitud la palabra que hemos recibido en meditación." (p. 110).

María es la madre de Dios, la madre de la Iglesia. María fue y es madre de todo lo que su Hijo fue y es, colaborando con él en la salvación del mundo.

La Madre Teresa estaba absolutamente convencida del poder único de la madre de Dios. Siempre le rezó a María, por ella y por los demás, y siempre le pidió a los demás que hicieran lo mismo.

María es el ejemplo más hermoso de nuestra relación con Jesucristo.

✦ Di algunos de los nombres que se le dan a María, tales como: Nuestra Señora de los Lagos, Nuestra Señora de las Nieves, Nuestra Señora de Guadalupe, Nuestra Señora de Lourdes, Nuestra Señora de Fátima, Notre Dame de París, Madre del Perpetuo Socorro, Madre del ser Humano, Madre de los Lamentos. Piensa con cuales áreas de ti misma te sientes feliz y cuales otras áreas necesitarían sanación. Dale a nuestra Señora un nombre que identifique el papel que quieres que Ella juegue en ti.

✦ ¿Ha evolucionado la imagen de María en tu mente a través de los años? ¿Cómo la ves tu ahora?

✦ ¿Eres capaz de decirle a Dios, como lo hizo María, "Que se haga en mí conforme a tu palabra" (Lc 1,38)?.

✦ Reflexiona en cómo María dio a luz a Jesús y cómo puedes tu extender esa Navidad para que se continúe cada vez que tú des luz a Cristo en la vida de otro.

✦ Haz un compromiso para visitar un templo o santuario de María lo antes posible. Allí además de ofrecerle oraciones tradicionales trata de decirle una en tus propias palabras. Dale gracias a María por traernos a Jesús al mundo y pídele que te ayude a traer a Cristo a otros.

✦ Reza por todas las madres embarazadas, para que puedan tener un bebe o bebes saludables y amados, que puedan criarlos y cuidarlos como lo hizo María con Jesús.

✧ Reza tu oración favorita a María, y reflexiona cada una de sus palabras.

Palabra de Dios

Porque ha puesto sus ojos en su humilde esclava. Porque desde ahora me llamarán bienaventurada todas las generaciones. (Lc 1,48)

María guardaba en el corazón todas aquellas cosas, considerándolas. (Lc 2,19)

Junto a la cruz estaban su Madre, y María la de Cleofás, hermana de su Madre, y María Magdalena. Mirando Jesús a su Madre ahí presente y al discípulo a quien Él tanto amaba, dijo a su Madre: "Mujer, ése es tu hijo." Luego dijo al discípulo: "Ésa es tu Madre", y desde aquel momento el discípulo se hizo cargo de ella. (Jn 19,25-27)

Oración final: "Silencio de María háblame, enséñame cómo contigo y como tú, puedo guardarlo todo en mi corazón, como tú lo hiciste, no contestar cuando se me acuse o se me corrija, orar siempre en el silencio de mi corazón como tú lo hiciste". (Neff, p. 109)

✦ Meditación 15 ✦

La Santidad es para ti y para mí

Tema: "La Santidad", dijo la Madre Teresa, " no es lujo de unos pocos, sino un simple deber para ti y para mí, que seamos santos como nuestro Padre en el Cielo es Santo" (Madre Teresa, *Life in the Spirit*, p. 24)

Oración inicial: " Señor, hazme santo de acuerdo a tu corazón; hazme sumiso y humilde" (p. 25).

Acerca de la Madre Teresa

Cada día, antes de salir al mundo a hacer el trabajo de Dios en la tierra, la Madre Teresa y sus Misioneras de la Caridad cantaban el himno de la Santidad de Dios:

> Santo, santo, santo es el Señor, Dios del universo,
> llenos están el cielo y la tierra de tu gloria.
> Hosanna en el cielo.
> Bendito el que viene en el nombre del Señor,
> Hosanna en el cielo.
>
> (Neff, p. 146)

Y la Madre Teresa nos exhortó a que "Como un acto de gratitud y adoración, debemos ser santos por el santo" (p. 46).

119

La Madre Teresa estuvo convencida de que " la santidad es un deber de todos. La santidad se obtiene y se puede practicar dirigiendo todos nuestros actos a Dios" (Le Joly, *Madre Teresa*, p. 125). Para ilustrar su punto de vista, la Madre Teresa recordó:

> El presidente de México envió por mí. Le dije que como presidente el debería llegar a ser santo: no como un Misionero de la Caridad, sino como un presidente.
>
> Me miró un poco sorprendido, pero así es: tenemos que ser santos cada uno de nosotros, en el lugar donde Dios nos puso. (Madre Teresa, *My Life*, p. 83)

Todos podemos vivir en santidad poniendo en práctica este pequeño consejo de la Madre Teresa: " Regálale a alguien una sonrisa, visita a alguien por un corto tiempo, has fuego para alguien que tenga frío, leele algo a alguien. Estas son pequeñas cosas, realmente pequeñas, pero ellas harán tu amor por Dios más concreto" Le Joly, *Madre Teresa*, p. 125).

Pausa: ¿Qué te impide vivir una vida de santidad, y vivir tu vida ordinaria con esmero, fe y gran amor?

Palabras de la Madre Teresa

> Hemos sido creados para ser santos porque hemos sido creados a imagen y semejanza de Dios. (Madre Teresa, *My Life*, p. 75)

> La santidad no es un privilegio de pocos, sino una necesidad de todos. (Madre Teresa, *Heart of Joy*, p. 47)

> La santidad consiste en hacer la voluntad de Dios con alegría. La fidelidad hace santos. (Madre Teresa, *Heart of Joy*, p. 92)

> La amabilidad es el comienzo de una gran santidad. Si tu aprendes este arte de ser considerado, llegarás a ser más y más como Cristo, pues Su corazón fue manso y sumiso; siempre

pensó en las necesidades de los demás- para que nuestras vidas sean hermosas debemos tenerlas llenas con pensamientos sobre los demás. (Madre Teresa, *Life in the Spirit*, p. 33)

Reflexión

La Madre Teresa no sólo fue un ejemplo vivo para una vida de oración y unión con Dios. También era una defensora de que la santidad era responsabilidad de cada uno, una forma de vida. La santidad no es un extra, algo más añadido a nuestra vida. Es una parte esencial de nuestra vida y de la vida de todas las vidas, sin importar cuales sean nuestras circunstancias.

La Madre Teresa fue santa en su propia forma, siendo " un lápiz" en las manos de Dios. Hizo lo que tenía que hacerse. Amó sin límites a los más pobres de los pobres. Les construyó hogares, los alimentó, los cuidó, los sanó, los ayudó a morir con dignidad. Además de todo esto su vida estuvo llena de sucesos impredecibles. Tenía que confrontar continuas tragedias humanas resultantes de accidentes o desastres naturales u originadas por el hombre. La santidad jamás es un escape de la responsabilidad o de participar en hacer un mundo mejor. Jamás tuvo un minuto de sobra. No sólo "filosofaba" sobre lo que significaba personalismo y humanismo sino que mostró con hechos lo que entendía por estos conceptos. La Madre Teresa era el personalismo y el humanismo en acción. Fue tan humana, pero tan humana, siguiendo los pasos de su Maestro, que se convirtió para el mundo en un gran ejemplo de amor y entrega por el género humano. La Madre Teresa fue un modelo de caridad cristiana. Vivió casi literalmente el mensaje del Evangelio. Sin preocuparse por su propio bienestar, dirigió el propósito de su vida hacia el Señor Jesucristo. Amó a Jesús en cada uno de nosotros y eso es precisamente lo que una santa hace todo el día y la noche.

Ciertamente conocemos personas que hace el bien nada más por hacerlo, por un interés personal. Esto no es la santidad. La Santidad se revela cuando, en un momento de bondad y belleza, la gente abre sus corazones a la compasión y ve al Señor en todo lo que está haciendo.

La Madre Teresa nunca pidió limosna; le dio a su audiencia la oportunidad de hacer "algo maravillosos por Dios". Ella dijo: "La cantidad que des no es importante; es la cantidad de amor que pongas al dar, esto es lo que importa". (González-Balado, p. 116). El gran amor en lo que das, eso es santidad.

La vida de los Santos, además de interesarnos, contestan algunas de las preguntas que llevamos en el fondo de nuestras almas y corazones, tales como: ¿Por qué estamos aquí? ¿De qué se trata todo esto? ¿Cuál es el significado de nuestras vidas? ¿Cuál es el significado de lo que hacemos? ¿Cuál es nuestra propia misión en esta tierra? Los santos hacen las cosas ordinarias pero con un amor extraordinario. Y eso es lo que nos extraña.

Los santos, a pesar de su debilidad parecen ser en una u otra forma una revelación del Santísimo. El Santísimo transforma con su poder la vida de los Santos en testigos del reino de Dios. Al Reino es donde los santos pertenecen por completo, incluyendo sus cuerpos." ¿Qué no sabéis que vuestro cuerpo es Templo del Espíritu Santo que vive dentro de vosotros, de ese Espíritu que habéis recibido de Dios?...Glorificad, pues, a Dios en vuestros cuerpos". (1Cor 6,19-20). Así ellos están total y profundamente envueltos, física, espiritual y sentimentalmente en la vida de Dios.

La santidad se manifiesta cuando nuestras vidas, en todos sus campos: de trabajo, oración, amor, estilo de vida, complejidad, alegría, sufrimiento y momentos de recreación, claramente señalan nuestro origen y nuestro fin, y se convierten en una nueva creación en Cristo (Gál 6,15)—en un proceso de santificación. Eso es lo que cada vida cristiana debería hacer.

El Concilio Vaticano II afirmó que a todos los seguidores de Cristo se les pide, como obligación, a buscar la santidad. Y en las palabras de Thomas Merton, "Cada Cristiano esta llamado a seguir a Cristo, a imitarlo en forma tan perfecta como las circunstancias de su vida se lo permitan y por lo tanto llegar a ser un santo" (Merton, p. 34). La Madre Teresa diría, "La santidad es simplemente un deber para ti y para mí".

✦ Por un momento reflexiona en el significado de la vida cristiana. ¿Es una idea o más bien una forma de vida? ¿La vida cristiana se entiende a través de la mente o más bien a través del corazón? ¿Es una conclusión o más bien una experiencia? ¿Es un conjunto de preceptos éticos o más bien una relación con Aquel que dijo,

"Yo soy el camino, la verdad y la vida"? (Jn 14,6).

✧ ¿A veces te sientes solo aunque estés convencido de que Dios esta contigo en todo momento?

✧ ¿Dios se manifiesta en poder, presencia y amor. Sientes que Dios ha transformado tu vida en alguna forma? ¿Estas dispuesto a ayudar a alguien el día de hoy sin esperar que te regrese el favor?

✧ Nombra 5 santos. ¿Por qué piensas que son santos? ¿Cómo se manifiesta la presencia de Dios en el mundo moderno?

✧ ¿Tienes muchos asuntos sin terminar? ¿Le debes a alguien una disculpa desde hace mucho tiempo? ¿Necesitas realizar un acto de bondad que has pospuesto por mucho tiempo? ¿Tu trabajo de todos los días absorbe todo tu tiempo y reduce tu relación con Dios a solo los domingos? ¿Cumples tus promesas? ¿Qué puedes decir acerca de tus buenos propósitos? ¿Qué asuntos sin terminar todavía te quedan?

✧ Los santos tienen también asuntos sin terminar, pero están consientes de estar en el camino hacia el Señor. ¿También lo estas tu? Si así es, identifica los mayores obstáculos y otros aspectos del camino de tu vida. Programa los asuntos sin terminar que tengas fijándoles en que fecha los vas a cumplir.

✧ ¿Cuál es tu misión especial en la vida? ¿Cuál es el significado final de tu vida? ¿Es tu vida diaria incompatible con una vida santa? ¿Qué puedes hacer para que tu vida normal se convierta en una vida santa? Se tan específico como puedas.

✧ Di en tu corazón muchas veces, "Santo, santo, santo es el Señor".

Palabra de Dios

Di a toda la congregación de los hijos de Israel: sed santos, porque yo, Señor vuestro Dios, soy santo. (Lv 19,2)

Como elegidos de Dios, como santos, como amados suyos, revestíos de un corazón compasivo, de magnanimidad, humildad, mansedumbre y paciencia. Aguantaos y perdonaos los unos a los otros, cuando tenga alguno queja contra el otro; de la misma manera que el Señor os ha perdonado, perdonad también vosotros. Pero sobre todas estas virtudes revestíos de la caridad, la cual es el vínculo de la perfección. Que en vuestros corazones reine la paz de Cristo, esa paz a la que habéis sido llamados, formando un solo cuerpo. Sed agradecidos. Que la palabra de Cristo viva entre vosotros con toda la riqueza de su sabiduría. Enseñaos y amonestaos los unos a los otros, entonando a Dios salmos, himnos y cantos espirituales, movidos de la gracia; que eso os salga desde lo profundo del corazón. Que todo lo que digáis o hagáis sea en el nombre del Señor Jesús, dando gracias a Dios padre por Él. (Col 3,12-17)

Oración final: Señor ayúdame a tomar el tiempo necesario y a tener la energía para experimentar tu presencia en mi vida – no solamente hablar sobre ti—a mi mismo, a otros y en todas las circunstancias de mi vida. Deja que mi humanidad sea una palpable santidad. Y permíteme darme cuenta que entre mas humano sea, en más lleno de amor me convierto, y entre mas lleno de amor sea, más santo seré.

✧ Obras Citadas ✧

Augustine, Saint. *The Works of Saint Augustine*. Book 1, *The Confessions*. Trans. Maria Boulding, ed. John E. Rotelle (Hyde Park, NY: New City Press, 1997).

Bartocci, Barbara. "A Gift from the Woman in White." Condensed from *Catholic Digest*, November 1990.

Chawla, Navin. *Mother Teresa* (Boston: Element, 1998).

Crossette, Barbara. "Pomp Pushes the Poorest from Mother Teresa's Last Rites." *New York Times International* (14 September 1997).

Egan, Eileen. *At Prayer with Mother Teresa*. Comp. and ed. Judy Bauer (Liguori, MO: Liguori Publications, 1999). *Such a Vision of the Street: Mother Teresa—the Spirit and the Work* (Garden City, NY: Doubleday and Company, 1985).

González-Balado, José Luis. *Mother Teresa: Her Life, Her Work, Her Message: A Memoir* (Liguori, MO: Liguori Publications, 1997).

Le Joly, Edward. *Mother Teresa: A Woman in Love* (Notre Dame, IN: Ave Maria Press, 1993). *Mother Teresa of Calcutta: A Biography* (San Francisco: Harper and Row, Publishers, 1983).

Merton, Thomas. *Life and Holiness* (Garden City, NY: Doubleday and Company, Image Books, 1964).

Neff, LaVonne, comp. *A Life for God: The Mother Teresa Reader* (Ann Arbor, MI: Servant Publications, Charis Books, 1995).

Teresa, Mother. *Heart of Joy*. Ed. José Luis Gonz·lez-Balado (Ann Arbor, MI: Servant Books, 1987).

Jesus, the Word to Be Spoken: Prayers and Meditations for Every Day of the Year. Comp. Angelo Devananda (Ann Arbor, MI: Servant Books, 1986).

Life in the Spirit: Reflections, Meditations, Prayers. Ed. Kathryn Spink (San Francisco: Harper and Row, Publishers, 1983).

Loving Jesus. Ed. José Luis Gonz·lez-Balado (Ann Arbor, MI: Servant Publications, 1991).

My Life for the Poor. Ed. José Luis Gonz·lez-Balado and Janet N. Playfoot (New York: Ballantine Books, 1985).

No Greater Love. Ed. Becky Benenate and Joseph Durepos (Novato, CA: New World Library, 1997).

One Heart Full of Love. Ed. José Luis Gonz·lez-Balado (Ann Arbor, MI: Servant Books, 1984).

A Simple Path. Comp. Lucinda Vardey (New York: Ballantine Books, 1995).

Something Beautiful for God. Ed. Malcolm Muggeridge (Garden City, NY: Doubleday and Company, Image Books, 1977).

Reconocimientos

Las citas en este libro han sido tomadas de los siguiente textos:

Citas bíblicas: Sagrada Biblia, Edición Pastoral, traducida por Agustin Magaña Mendez, Ed. 105, año 2002. Ediciones Paulinas, S.A. de C.V.

A New Life for God: The Mother Teresa Reader, recopiladas por LaVonne Neff, son usadas con el respectivo permiso.

At Prayer with Mother Teresa, por Eileen Egan, recopiladas y editadas by Judy Bauer, son usadas con el respectivo permiso. Copyright © 1999 by Eileen Egan and Judy Bauer.

My Life for the Poor, por Mother Teresa, editadas por José Luis González-Balado y Janet N. Playfoot, son usados con permiso de la casa editora. Copyright © 1995 by José Luis González-Balado and Janet N. Playfoot.

Heart of Joy, by Mother Teresa, editadas por José Luis González-Balado, son usadas con el permiso de Servant Publications, Ann Arbor, MI 48107. Copyright © 1987 by José Luis Gonzáles-Balado.

Jesus, the Word to Be Spoken: Prayers and Meditations for Every Day of the Year, by Mother Teresa, recopiladas por Hermano Angela Devananda, son usadas con el permiso. Copyright © 1998 by Servant Publications, Ann Arbor, MI 48107.

Life in the Spirit: Reflections, Meditations, Prayers, por Mother Teresa, editatas por Kathryn Spink, son usadas con permiso por Missionaries of Charity. Copyright © by Missionaries of Charities.

Mother Teresa: A Woman in Love, by Edward Le Joly, SJ, son usadas por permiso del autor. Copyright © 1992 by E. Le Joly, SJ.

Mother Teresa of Calcutta: A Biography, by Edward Le Joly, SJ, son usadas por permiso de la casa editora. Copyright © 1977, 1983 por Edward Le Joly, SJ.

Mother Teresa: Her Life, Her Work, Her Message: A Memoir, by José Luis Gonzáles-Balado, son usadas por permiso de la casa editora. Copyright © 1977 by José Luis Gonzáles-Balado.

"A Gift from the Woman in White," por Barbara Bartocci, son usadas por permiso del autor.